ROWOHLT

BERLIN

Günter Barudio

Madame de Staël und Benjamin Constant

Spiele mit dem Feuer

Rowohlt · Berlin

PAARE Herausgegeben von Claudia Schmölders

1. Auflage September 1996

Umschlag- und Einbandgestaltung Walter Hellmann
(Portrait «Madame de Staël» von François Gerard;
Portrait «Benjamin Constant» von Hoff; beide:
Archiv für Kunst und Geschichte, Berlin)
Satz aus der Berling (Linotronic 500)
Gesamtherstellung Clausen & Bosse, Leck
Printed in Germany
ISBN 3 87134 245 9

Inhalt

Vor-Spiel 7

«Ich bin ich» 14

Der verlorene Sohn 33

Eine bizarre Beziehung 48

Schattenwürfe 62

Spiele mit dem Feuer 78

Dem Freund ein Feind 95

«Mein eigener Herr» 114

«Mein intimes Ich» 131

Qual ohne Ende? 149

Nach-Wehen 166

Bildnachweis 173

Quellen und Literatur 174

Für Birgit

Vor-Spiel

Wohl zu allen Zeiten haben es Frauen verstanden, Männer zu fesseln, ohne sie binden zu wollen. Wer in diesem Verhalten eine Liebeskunst des erfüllten Augenblicks sehen möchte, der kommt bei der in Paris geborenen Genferin Germaine Necker (1766–1817) weitgehend auf seine Kosten – vor allem in der Kenntnis ihrer Rollen als Madame de Staël.

Das gilt für die Beobachter eines reichen Gemüts, das kein Herzensgeheimnis für sich behalten konnte. Es trifft aber auch auf jene Neugierigen zu, die gern einen Logenplatz im Theater der Aufklärungszeit einnehmen, um in den Betäubungen der Postmoderne das Staunen nicht zu verlernen: Besonders über die tägliche Tatsache, daß damals selbst erwachsene Frauen vornehmlich in Familiendingen wie unmündige Kinder behandelt und als Weibchen oder Mätresse gehalten wurden. Verständlich, daß einige Mutige aus ihren Reihen seit der Revolution von 1789 mit Nachdruck dafür kämpften, als vernunftbegabte Menschen, vollwertige Partner und vertragsfähige Bürgerinnen auf Dauer anerkannt zu werden.

Der rechtliche Status einer Frau zur Zeit des Ancien Régime in Frankreich entsprach durchgehend der männlichen Mentalität, als «Krone der Schöpfung» über Weib und Kind, Haus und Hof fast selbstherrlich verfügen zu dürfen. Auch die Erklärung der Menschenrechte vom 26. August 1789 als Eigentumsgarantie schuf hier keine Abhilfe. Denn als «homme» oder «Mensch» galt nur der erwachsene, besitzende, steuerfähige, vertragsberechtigte und unbescholtene «Mann» über 25 Jahre. Mochten gestandene Frauen wie

Madame Roland, Olympe de Gouges oder Etta Palm gegen diese Ungerechtigkeit der permanenten Abwertung aufbegehren und politisch agieren, ihre Forderungen änderten nichts an dem überkommenen Befund, daß Frauen lediglich als ein «Gefäß des Mannes» (Plutarch) betrachtet wurden – ewig gebunden an die «Gefühle des Herzens» (Pascal).

Es ist ein weiteres und zähes Vorurteil, daß die Revolution die Monarchie gestürzt hätte. In Wirklichkeit haben die meisten Revolutionäre aus Adel, Klerus und Bürger-Stand das tausendjährige Herrschaftssystem gestützt, wenngleich mit wichtigen Verschiebungen der öffentlichen Kompetenzen von der Bourbonen-Dynastie zur Nationalversammlung als Vertragspartner. Die September-Verfassung von 1791 macht diesen Befund sehr deutlich. Denn sie schloß nicht nur die erste und beinahe unblutige Phase der Revolution als Rückgriff auf das gute alte Recht ab. Sie schrieb auch die bisherige «Macht des Männlichen» (masculi potestas) fest: Eine weibliche Thronfolge war nicht vorgesehen!

Was im Öffentlichen Recht heftig abgelehnt wurde, fand auch im Privatrecht keine Anerkennung. Gerade nach dem selbstverschuldeten Sturz der Dynastie im Sommer 1792 und bei der Ausrufung einer Republik am 25. September des gleichen Jahres blieb die Frau vom «französischen Volk» als neuem Souverän so gut wie ausgeschlossen. Die folgende Juni-Verfassung von 1793 erwähnte sie nur im Artikel 4 über den Erwerb des Status als «Bürger» (citoyen): Darin wurde einem Ausländer das Menschenrecht zugestanden, Bürger der Ersten Republik zu werden, falls er neben anderen Bedingungen seinen festen Wohnsitz in Frankreich nimmt «oder eine Französin heiratet» (ou épouse une Française).

Genau nach dieser Vorschrift verhielt sich im Jahre 1799 der «schöne Königsmörder» Adolf Graf Ribbing (1765 bis 1843) aus Schweden, in den sich Madame de Staël 1793 gleichsam unsterblich verliebt hatte. Wurde es schon wie ein Skandal empfunden, daß sie als Gattin des schwedischen Botschafters de Staël ein Verhältnis zu dem Frauenhelden Narbonne unterhielt, so erregte ihr Bemühen um diesen Verschwörer noch größeres Aufsehen. Schließlich gehörte der goldblonde und stattliche Graf Ribbing zu jener Adelsfronde in Schweden, der Gustav III. im März 1792 während eines Maskenballs zum Opfer gefallen war.

Was andere Zeitgenossen abschreckte, verlockte die einzige Tochter des Genfer Bankiers Jacques Necker (1732–1804), dessen Entlassung als Finanzminister und Reformer 1789 die Revolution ausgelöst hatte, zu überschwenglicher Bewunderung. Denn der konspirative Graf verkörperte für sie die «Schätze der Güte, des Stolzes und des Adels, die alle Augenblicke zum Vorschein kommen».

Er war es auch zur Zeit des «Großen Terrors» unter dem Aristokraten de Robespierre, der sie von der Monarchie-Verehrung zum Republikanismus bekehrte, allerdings ohne sie zur rechtlichen und politischen Emanzipation der Frau anregen zu wollen: Ein Ziel, das Germaine de Staël, geborene Necker, nie angestrebt hat!

Macht man sich allein diese strukturellen Bedingungen und mentalen Bindungen ihrer Zeit bewußt, dann erscheint diese ungewöhnliche Frau in einem anderen Licht. Einer ihrer neueren Biographen nannte sie eine «Dichterin», ohne recht zu bedenken, daß sie fürs zunftgemäße Dichten zuviel Nebensächliches dachte und mit Alexandrinern kein sonderliches Geschick besaß. Auch die andere Einschätzung aus der gleichen Feder, sie wäre die «Geliebte» bedeutender Männer wie Talleyrand, Narbonne, Ribbing oder Constant gewesen, verzerrt nicht wenig ihr lebenslanges Streben nach dem Glück erfüllter Eigenliebe (amour propre). Denn Madame de Staël wurde von diesen oder anderen Männern nicht «erwählt» und nach kurzem Genuß als Mätresse weitergereicht. Vielmehr bestand sie darauf, sich selbst solche Männer auszusuchen, die ihr an Körper, Geist und Seele eine unschätzbare Bereicherung sein konnten, kurz: ihr Gemüt als «Herzenskönigin» erhöhten.

Das ist eine oft übersehene, jedoch wesentliche Feststellung zum Verständnis einer Frau, die nicht zu arbeiten brauchte und weit mehr war als nur eine geistreiche Lebedame. Auch der Vergleich mit der etwas jüngeren und betörend schönen Wilhelmine von Sagan, die als «Nymphomanin» eingeschätzt wurde, ergibt für das Wesen und Wirken der Madame de Staël kaum eine Erkenntnis, trotz ihrer zahlreichen Liebschaften. Tatsächlich ähnelt die frühreife Bankierstochter und spätere Botschaftergattin in ihrer anhaltenden Sehnsucht nach bedingungsloser Liebe viel eher einer Jagdgöttin, die jeden Gejagten fast um Verzeihung bittet, sobald er sich von ihr gefesselt fühlt. In diesem nicht ungefährlichen Spiel reagierte sie mitunter, als ob sie über ihren eigenen Mut erschrocken wäre, die Überlegene herausgestellt zu haben und dabei vielleicht ungerecht gewesen zu sein.

Diese gewiß sonderbare Haltung verwundert aber kaum, wenn die Spuren des Melancholischen in ihrem Gemüt beachtet werden, gleichsam die innere Architektur der Schwermut hinter einem nach außen heiter scheinenden Leichtsinn. Zeitweise wirkt ihr Verhalten aber auch wie ein Reflex auf den Männerkult eingebildeter Revolutionäre, die den Status jeder Frau minimiert sehen wollten. Napoleon, der die widerspenstige und kritische Necker-Tochter aus Frankreich verbannte, ja durch halb Europa als «Staatsfeindin» verfolgen ließ, hatte in seinem «Gesetzbuch» (Code) von 1804 diese Tendenz noch verstärkt und sogar die verheiratete Französin beinahe entmündigt – erfolgreich über Generationen hin bis 1946 (Wahlrecht) und 1972. Erst in diesem Jahr wurde die französische Ehefrau in ihrer privat- und familienrechtlichen Vertragsfähigkeit dem Ehemann gleichgestellt. Bedenkt man die ursprüngliche Lage im Ancien Régime und während der gesamten Revolutionszeit, dann verschieben sich auch die Sichtweisen auf die Geschichte des Paares.

Leitete sich dieser gemeineuropäische Begriff vom römischen Rechtsterminus «par» ab und meinte zwei «gleiche» Menschen als ebenbürtige Partner bei einem Vertragsabschluß, so verlangte das französische «Paire» als Lehnwort nach bestimmten Spielräumen. Das Paar wurde demnach als natürliche Ergänzung von Mann und Frau betrachtet, die «ungleich» sind. In einer Ehe jedoch können sie als Partner etwas konformes Ganzes anstreben, sei es in Gestalt gemeinsamer Kinder oder in der Mehrung des materiellen Vermögens. Außerhalb dieses Lebensbundes wurde Mann und Frau nur zugestanden, als *Pärchen* aufzutreten, das sich nach Lust und Laune wieder trennen konnte, ohne Verantwortung gegen Dritte tragen zu müssen.

In diesem Sinn des genauen Differenzierens war Germaine Necker von ihrer hochgebildeten, aber überaus «selbstquälerischen» Mutter Suzanne Curchod erzogen worden. Doch schon vor der ersten Verheiratung mit neunzehn Jahren muß ihr bewußt geworden sein, daß es jenseits aller sozialen Abgrenzungen im vorherrschenden Ständewesen noch etwas Drittes zu geben hatte. Einen inneren Gleichklang des Gemüts zwischen Mann und Frau, ja eine Seelen-Verwandtschaft ohne Ansehen äußerer Vorzüge oder gar des jeweiligen Status nach Rang und öffentlichem Amt.

Nicht ohne Grund fühlte sie sich von einigen Idealen Rousseaus, des «neuen Aristoteles», magisch angezogen. So bemühte sich die Necker-Tochter im privaten Umgang wie in literarischen Dingen und selbst in der Politik recht früh um einen «Ausgleich der Gegensätze» (réunion des contrastes) als Ausdruck gerechten Lebens. Wohl wissend, welche Leidenschaften sie in Extremlagen bringen konnten – allen voran die Sehnsucht nach Liebe. Eingedenk der eigenen verwirrenden Anlagen, die sie nicht selten zu einem «Alles oder nichts» trieben, zwang sie sich in die Notwendigkeit eines inneren Gleichmuts, um überleben zu können. Im selben Augenblick aber will sie es nicht lassen, sich nach Herausforderungen des Herzens zu sehnen und sie bis zum Exzeß auszuleben: Bereit, Konventionen im Denken und Handeln zu sprengen, sollten sie einer Verwirklichung des Ich im Wege stehen.

Unter den zeitgenössischen Frauen traf Madame de Staël in ihrem großen Freundeskreis erst spät auf die verheiratete, aber «jungfräuliche» Juliette Récamier als Mitleidende. Sie entsprach zwar ihren Wünschen nach Verständnis, konnte aber wegen der eigenen Männernöte selten wirklich helfen. Dafür fand sie in dem Adligen Benjamin Constant (1767–1830) wohl durch Zufall einen Mann, der ihren Vorstellungen von inniger Geistigkeit, kreativem Widerspruch, literarischer Eleganz, philosophischem Ehrgeiz und politischem Elan sehr nahekam.

Mehr noch. Dieser Constant aus der Schweizer Stadt Lausanne teilte ihren mächtigen Hang zur Schwermut oder Melancholie. Er kannte sich daneben auch im Leiden an seiner schizoid angelegten Daseinsangst aus und genoß in Krisen das frei käufliche Opium, sobald sich zu den inneren Abgründen der Langeweile (ennui) und des Lebensüberdrusses noch die äußeren Belastungen gesellten: Vor allem nach dem Jakobiner-Terror 1792 bis 1794 der nervenaufreibende Kampf mit dem fünfköpfigen «Direktorium» seit 1795 und gegen die schleichende Diktatur Napoleon Bonapartes nach dem Putsch vom 18. Brumaire 1799.

Der Politik wie der Literatur als Passion verfallen, agierten beide gemeinsam für eine republikanisch geprägte liberale Zukunft Frankreichs. Allerdings konnten trotz dieser und anderer Gleichklänge die Unterschiede nicht übersehen werden. Dabei fiel weniger die kleine und rundliche Gestalt der Necker-Tochter auf, die der hochgewachsene und unbeholfen wirkende Constant um Haupteslänge überragte. Vielmehr war in den Pariser Salonkreisen bekannt, daß er ein besessener Spieler war und von der reichen Partnerin ziemlich knapp gehalten wurde. Außerdem quälte ihn eine Sexualität, an der seine Weggefährtin kaum ein Interesse entwickelte, zumal all ihre Sinne vom Grafen Ribbing gefangen waren.

Allein im Hinblick auf diese Bedingungen wird deutlich, unter welchen Spannungen das äußerlich so seltsame Pärchen gestanden haben muß. Gleichwohl stellte Germaine de Staël 1805 fest, daß sie beide «einander auf erstaunliche Weise ähnlich seien». Der von ihr oft heftig gescholtene und immer wieder gedemütigte Constant fuhr bei dieser Einschätzung hoch wie aus einem Würgegriff und donnerte: «Das ist vielleicht ein Grund, um so schlechter miteinander auszukommen. Weil die Männer einander so ähnlich sind, hat der Himmel für sie die Frauen geschaffen, da diese ihnen nicht gleichen. Zweifellos wäre das größte Glück meines Lebens, frei zu werden ...»

Constant meinte mit seinem verbittert wirkenden Wunsch die Hoffnung auf eine endgültige Trennung von Madame de Staël, die für ihn zu einer schier unerträglichen Last geworden war. Zu diesem Zeitpunkt verfluchte er sie als abstoßendes «Mann-Weib», nachdem sie ihm gut ein Jahrzehnt früher als «bezauberndes Wesen» begegnet war – am 18. September 1794 in Montchoisi nahe Lausanne. Bei ihrer folgenreichen Begegnung trafen zwei Naturen, Temperamente und Charaktere aufeinander, die im äußeren Ausdruck nicht gegensätzlicher sein konnten. Es erscheint deshalb mehr als fraglich, bei diesem Pärchen von der «zweifellos redseligsten Liebesgeschichte aller Zeiten» (Ch. Herold) zu sprechen. Sicher aber ist, daß Germaine de Staël und Constant begnadete Augenblicke erlebten, um sich im nächsten Moment gnadenlos jede Illusion einer intimen Gemeinschaft zu rauben: Vom Gedanken einer Vernunftehe nicht zu reden, die sie beide wohl um den Verstand gebracht hätte.

«Ich bin ich»

Wäre doch im Zuge des aufkommenden Orientalismus, wie ihn Montesquieu in seinen «Persischen Briefen» verstand oder Voltaire im Theaterstück «Mahomet» für sich ausdrückte, die wißbegierige Germaine Necker auf den islamischen Mystiker Kharrāz gestoßen: Bei ihm hätte sie erfahren können, daß «nur Gott das Recht hat, Ich zu sagen». Ob aber diese ernste Handreichung aus dem Geist des Orients geholfen hätte, ihre Egomanie zu zügeln? Wäre ihr mit diesem nachdenklichen Wort klar geworden, wie wertvoll doch das Prinzip der Gegenseitigkeit sein konnte, aus dem auch der politische Liberalismus lebte, wie ihn Constant gegen Napoleons Diktatur verfechten sollte? Von der Mutter Suzanne an Brüsten gestillt, die den englischen Rom-Historiker Edward Gibbon verwirrt haben sollen, sowie als Wunderkind gedrillt, brauchte Germaine Necker gar nicht zu sich selbst zu kommen: Sie kreiste in sich und fühlte sich nur als das «Götterkind» ihres Vaters Necker – ein einzigartiges Geschöpf aus seinem «Blut» allein.

Im Glanz dieses gehegten Eigenwertes, den die Mutter mit ihrem Pariser Salon und der Vater als bewunderter Finanzminister bestätigten, festigte sich bei ihr die Vorstellung, alles bekommen zu können, wenn sie es nur wollte. Kein Wunder, daß sie sich damit nicht nur Freunde schuf, ja sogar die eigene Mutter zu einer «Feindin» machte. Weniger aus Koketterie mit dem abgöttisch verehrten Vater als wegen der Abneigung, William Pitt den Jüngeren zu heiraten, wie es die Mutter Suzanne Necker wollte. Sie glaubte eine Zeitlang, mit dieser Wahl das Herz ihrer Tochter erfreuen zu können,

Germaine Necker als dreizehnjähriges Mädchen

stieß aber auf eisige Ablehnung: «Mir steht eine andere Bestimmung bevor ... Ich bin die Tochter Monsieur Necker.»

Gewiß, die Verbindung der Finanzminister Pitt und Necker in Gestalt einer Entente cordiale hätte einen hohen politischen Reiz bekommen, schon im Hinblick auf den teuren Krieg in Nordamerika, in dem die Franzosen die republikanischen Rebellen gegen England unterstützten. Englands Pitt aber ahnte nicht einmal etwas von den Heiratsplänen der Pastorentochter Suzanne, die vor ihrer eigenen Hochzeitsnacht Jacques Necker in einem Brief gewarnt hatte: «Womöglich werden die Angst meines Herzens und die düsteren Todesbilder, die es bedrängen, mich daran hindern, Dich zu befriedigen.»

Diese Todes-Neurose störte Necker zwar, doch sie zerstörte nicht seine Ehe mit einer Frau, die rechtzeitig anordnete, ihren toten Körper in Weingeist zu legen, um der Verwesung zu entgehen. Dafür war Necker zu sehr mit der Finanzreform des Ancien Régime in Frankreich beschäftigt, das noch Lasten aus der Zeit Ludwigs XIV. zu tragen hatte – des «Sonnenkönigs».

Ruhmsucht wird Necker nachgesagt. Doch Anbiederung an die Kreise der Mächtigen, die ein «bankerottes Geschäft» (Leopold II.) betrieben, war ihm fremd. Vielmehr hat er dem Staat Teile seines großen Vermögens geliehen – um deren Rückerstattung seine Tochter lebenslang kämpfen mußte. Bei aller Anpassung an die Forderungen der hohen Politik hat er sich einen gewissen Gerechtigkeitssinn bewahrt. Und diesem widerstrebte es, den Adel angesichts der hohen Staatsverschuldung von öffentlichen Belastungen auszunehmen. Allein seine Forderung nach einer «gerechten und proportionierten Steuer» trug ihm am Hof zu Versailles blanken Haß ein und die Demütigung, ein Emporkömmling zu sein. Mehr als jedem anderen war ihm bewußt, daß Frankreich im Inneren nur gesunden konnte, wenn es zu den Tugenden des *Treuhandgebotes* zurückkehrte und die Gegenseitigkeit der

Suzanne Necker, die Mutter

Verträge einhielt. Daran erinnerte ihn sein Genfer Calvinismus, dem er auch in den Diensten Ludwigs XVI. treublieb, obgleich ihm der Übertritt zum Katholizismus nahegelegt worden war.

Seinem Glauben treu blieb er auch, als er mit Frau Suzanne darauf bestand, Germaine nur mit einem Protestanten zu verheiraten. Bei allem Freisinn in ökonomischen wie politischen Dingen ließ er an dieser Konstante in seinem Leben nicht rütteln und gab nach einigem Zögern die väterliche Zustimmung zur Wahl der eigenwilligen Tochter: Sie durfte 1785 den Baron Erik Magnus de Staël-Holstein ehelichen. Dieser spröde Adlige an der schwedischen Botschaft in Paris, der noch nicht einmal richtig tanzen konnte, aber von Marie-Antoinette gefördert wurde, hatte sich schon für Germaine «interessiert», als sie erst zwölf Jahre alt war. Spötter meinten denn auch, daß er eher in Neckers Geld «verliebt» schien als in dessen Tochter, die wohl geistreich parlieren konnte, jedoch nicht um ihrer Schönheit willen begehrt wurde.

Es ist sicher nicht übertrieben, wenn in diesem Paar ein Zweckbündnis gesehen wird. Es gab vordergründig Germaine Necker die Möglichkeit, sich aus der Umklammerung ihrer Mutter zu lösen und eine größere Freiheit in der Lebensgestaltung zu erreichen. Gleichzeitig aber hatte ihr Vater ein Politicum eingefädelt. Denn der Baron repräsentierte das Schweden Gustavs III., der im Jahre 1772 mit einem Staatsstreich gegen das libertäre Ständesystem eine «absolute Diktatur» eingerichtet hatte – finanziert vom Hof in Versailles und gesteuert vom *Secret du Roi*, einem Geheimgremium Ludwigs XV.

Necker als Reformer der Staatsfinanzen mußte in hohem Maße daran interessiert sein, über die innere Situation Schwedens informiert zu werden. Denn dessen Haushalt wurde von französischen Subsidien (Stützgelder) abgesichert: Mit einigen Millionen Livres, die folglich Frankreich für die eigene Entwicklung fehlten. Dafür kam diese Heirat

Jacques Necker, der Vater

nicht ungelegen. Ein bezeichnendes Wort der Madame de Staël gegenüber ihrem Geliebten Narbonne im Jahre 1792, als Gustav III. getötet wurde, erhält vor diesem Hintergrund neues Gewicht: «Mein Vater hat mich lange Jahre als Spielzeug benutzt ...» In dieser Beobachtung liegt zwar nicht die ablehnende Kälte, die sie zeitweise vor der Mutter zeigte. Aber sie deutet doch an, daß Germaine dem Vater als Abgott von eigenen Gnaden zuweilen auch kritisch gegenübersteht. Ihre Bekenntnisse, daß Jacques Necker unter allen Männern der Welt derjenige sei, «den ich mir als Liebhaber gewünscht hätte», ja den sie hätte heiraten wollen und als «Vater» der eigenen Kinder betrachtete, können nicht darüber hinwegtäuschen, daß Madame de Staël bei ihm einen fundamentalen Mangel festgestellt hat: «Gefühle, die gleichgestellte Partner erfordern, hat er nicht nötig ...»

So wie die Mutter das Gebot der Gegenseitigkeit schon vor dem Vollzug ihrer eigenen Ehe ernsthaft in Frage stellte, so kultivierte auch der Vater seine Vorstellung von Eigenliebe als Ausdruck einer zunehmenden Verweigerung: Er gab sogar das Bankgeschäft auf, die damals klassische Form depositären Verhaltens oder Verwaltens fremder Güter zu treuen Händen.

Diese starke Prägung durch die Eltern machte Germaine de Staël immer dann zu schaffen, wenn sich ein Gegenpart wie ein Gegenpol aufbaute und ihr nicht zu Willen war. Monomanisch wollte sie immer und überall Mittelpunkt eines Kreises sein, ihn allein beherrschen. Deshalb hatte sie auch Mühe, sich in Gesellschaft wie in ihrem Pariser Salon auf eine wirkliche Gegenseitigkeit mit anderen einzulassen oder sie gar als bindendes Grundmuster gerechten Zusammenlebens uneingeschränkt zu pflegen. Selbst nach einer Reihe von privaten und politischen Krisen, die sie unendlich viel Kraft gekostet hatten und manch eine Einsicht in die eigenen Grenzen lieferten, blieb sie vor Rückfällen in den Ich-Wahn nicht verschont. Benjamin Constant notierte dazu einmal völlig ermattet und wie ausgelaugt: «Ich habe niemals eine Frau gekannt, die einen so ununterbrochen in Anspruch nahm, ohne sich dessen bewußt zu sein … Jedermanns Leben muß zur Gänze, in jeder Stunde, in jeder Minute, jahrelang, zu ihrer Verfügung stehen, sonst gibt es einen Ausbruch wie alle Gewitter und Erdbeben zusammengenommen.»

Constants Reaktion legt, wie die Einschätzung anderer Beobachter übrigens auch, einen Besitzegoismus und damit die Haltung absoluter Disposition frei, die ihn selbst in hohem Maße prägte. Sie schafft Abhängigkeiten in der Liebe wie im Alltag, während zur gleichen Zeit die Illusion genährt wird, selbst «unabhängig» über allem und jedem zu schweben. Das Eigenartige in diesem hochgradig schizoiden Verhalten liegt nun darin, daß sich seine Allmachtsvision gleichsam umkehren kann, um alle Energien in den Dienst einer Idee zu stellen, sei es nun die Liebe als höchstes irdisches Gut oder verletzte Gerechtigkeit, die gesühnt werden soll. Germaine de Staël beherrschte für beides alle Register, um jede Möglichkeit dieses Kitzels der Sinne auszureizen. Man lese nur aufmerksam ihr flammendes Plädoyer «Rettet die Königin!», um zu erfahren, wie sie von den rabiaten Revolutionären der Ersten Republik jene Gegenseitigkeit einfordert, mit der sie selbst Probleme hat.

Nicht wesentlich anders gestaltete sich ihr außereheliches Liebesverhältnis zu Louis de Narbonne-Lara. Einem Hocharistokraten, der ohne sie nicht Kriegsminister geworden wäre und alle Wohltaten mit heftig beklagter Untreue vergalt. Die bedingungslose Hingabe als das andere Extrem ihrer sonstigen Herrschsucht legte er als Schwäche aus. Es scherte ihn nicht, als sie ihm am 11. Oktober 1792 vorhielt: «Es gibt keinen Despoten, der so sehr wie Du mit wenigen Zeilen über meine Bestimmung gebietet.» Sie bettelt um einen Brief von ihm, droht mit herzzerreißenden Worten, Gift zu nehmen, ins Wasser zu gehen oder sich auf andere

Weise umzubringen, sollte er sie wegen einer anderen Frau verlassen, während sie hochschwanger und auf der Flucht sein Kind – ihr zweites – erwartet. In ihrer begreiflichen Not kann sie ihm auch das Zerwürfnis zwischen Vater und Mutter nicht verschweigen. Für Necker hat sie dabei nur harte Worte übrig: «Er hört nicht auf, sich in den verächtlichsten Ausdrücken über meine Leidenschaft und meinen Zustand zu ergehen. Meine Mutter wirft ihm – mit der Bibel in der Hand – seine sogenannte Nachsicht mit mir vor, während er sich Gott gegenüber verantwortlich fühlt und sie mich mit Ausdrücken der Sünde und Schande überhäuft.»

Ihr Auftrumpfen im Schmerz hat Methode, kann sie sich doch gleichzeitig eine Konstellation vorstellen, die «mein Herz ungerührt läßt». Tatsächlich ist sie neben allen Temperamentsausbrüchen und dem Hang zu spontaner Wallung in der Lage, augenblicklich zu vereisen, jede Gefühlsregung erstarren zu lassen. Kalkül mischt sich in ihre Leidenschaft, Stimmungen freien Lauf zu geben und sich auf der Stelle für etwas Fremdes zu begeistern, wenn es nur alle Sinne in erneuerter Emphase fortreißt. Die Begegnung mit dem Grafen Adolf Ribbing, der zu dem «Königsmördern» von Stockholm gezählt wird, läßt sie Narbonne zwar nicht vergessen, ihn aber doch in eine berechnete Ferne rücken. Sie soll dem einst so Heißgeliebten weh tun und ihn spüren lassen, wie es ist, wenn die Seele mit einer Scherbe zerbrochenen Glücks zerschnitten wird. Selbstquälerisch genießt sie die Erwartungen an den möglichen Nachfolger Narbonnes, wenn sie ihm einen Monat vor ihrem 28. Geburtstag aus Lausanne schreibt: «Wo Sie mir von Monsieur de Ribbing sprechen, sagen Sie mir, ich sei ein Wesen, aus dem man nicht klug wird. Nein, ich habe mit ihm nicht kokettiert, aber ich hätte ihm gern – und ich möchte das noch immer – dieses Herz geschenkt, das Sie zurückweisen … Sie brauchen mich mehr als ich Sie; welch grausame Ironie!»

Ob es der nach England ausgewichene Narbonne auch so

gesehen hat? Tatsache ist, daß Madame de Staëls Vorstellung von Ironie nichts anderes war als eine Art Betäubung ihrer permanent durchbrechenden Verlustangst. Ihr Versuch, diesen Narbonne mit Geld, guten Worten und zwei Kindern regelrecht zu kaufen, ist vor allem deshalb so dramatisch gescheitert, weil er sich in seiner bisherigen Identität bedroht fühlte. Zwar bot sie ihm zeitweise materielle Unabhängigkeit, hielt ihn aber im Gegenzug mit einer «Liebe» besetzt, die trotz aller Gefühlsschwüre erpresserisch wirkte: «Ich lache über die Bevormundung, die ich Dir gegenüber übe, aber Du mußt zugeben, daß es ganz schön ist, von jemandem geliebt zu werden, von dem man nur Generosität und Großmut zu fürchten hat.»

Wie aber mußte ein Mann im inneren Kreis der Revolution beschaffen sein, um die Behandlung zwischen Zuckerbrot und Peitsche aushalten zu können? Ihre Briefe an Narbonne und seine Reaktionen zeigen deutlich alle Grade einer Neurose, wie sie bei begabten Vater-Töchtern beobachtet wird. Germaine de Staël hat den politisch aufstrebenden Narbonne erst mit Geld und Geist besetzen wollen, um ihn dann für sich allein besitzen zu können. Er sollte ihr Spielzeug sein: Ein Liebesäffchen, das brav und dressiert durch jeden Ring sprang, den sie ihm vor die Nase hielt.

Ihre Launen als Ausdruck der Machterprobung und Bestätigung der Eigenliebe sind Legion. Wollte man sich darauf versteifen, dann käme wohl das Psychogramm eines neckischen Frauenzimmers heraus, das einfach die Beschädigungen aus der Kindheit nicht verarbeiten kann und dafür Rache nimmt – in Gestalt von überschwenglichen Liebesbriefen oder mit zickiger Wut, die Aufmerksamkeit erzwingen möchte. Belege für dieses Krankheitsbild gibt es im umtriebigen Leben der Madame de Staël zuhauf. Aber es hieße, sie in ihrer geistigen Kraft unterschätzen, wollte man ihr die Kunst absprechen, nicht auch innehalten zu können. Damit sind nicht die rauschenden Feste gemeint, die sie im Pariser Salon arrangierte oder auf dem Landsitz Coppet feierte: Jene Abende und Nächte, in denen getanzt und gelacht wurde, Theaterstücke zur Aufführung kamen und Galants jeden Alters ihr frivoles Spiel trieben, flüggen Mädchen und freizügigen Frauen nachzustellen. Es waren auch nicht die Zusammenkünfte in trautem Kreis, in denen über Gott und Welt geredet oder gelästert wurde, während die innere und äußere Politik Kapriolen schlug, ja all das zu zertrümmern schien, was vor der Revolution einen Ewigkeitswert besessen hatte – «das Schöne, das Wahre, das Rechte».

Germaine sehnte sich nach platonischen Gefilden mit «Musik und angenehmem Zusammensein», um dem «Chaos» in der zweiten Phase der Revolution zu entgehen. Diese hatte nach der militärischen Invasion der Habsburg- und Hohenzollern-Armeen in den «September-Massakern» von 1792 einen ersten Höhepunkt erlebt, als echte und vermeintliche Spione oder Kollaborateure der dynastischen Eindringlinge hingeschlachtet wurden: Ohne kurzen Prozeß tobten sich Revolutionäre um Danton, Robespierre und de Saint-Just mit langen Messern aus – eröffneten den Terror als Racheakt der «Gerechtigkeit». Goethe nannte dreißig Jahre später diesen machtpolitischen Eingriff des Wiener und Berliner Hofes zugunsten des französischen Königspaares die «Campagne in Frankreich», ohne recht verstehen zu wollen, daß die dynastische Invasion eine Hauptursache für «Blut und Elend» der Revolution gewesen war.

Auch Germaine de Staël wurde in dieser chaotischen Zeit nicht recht klar, was Anlaß und Ursache des Massakers in den Pariser Gefängnissen gewesen sein könnte. Ihr blieb nur bewußt, daß der innig geliebte, wenn auch untreue Narbonne unerträglichen Gefahren ausgesetzt schien und sie innerlich zur Besinnung kommen mußte. Sie schrieb ihm dazu: «Um mich von 1001 Schmerzen abzulenken, die mich noch umbringen, wenn Du nicht da bist, um mich zu stützen, verfertige ich eine Abhandlung über den Einfluß der Leidenschaften auf das Glück. Das ist das einzige Thema, das mir so am Herzen liegt, daß mir eine Beschäftigung damit möglich ist. In solch schlimmen Situationen ist nicht Ablenkung, sondern gelassenes Meditieren das Höchste, was man erreichen kann.» Aus dieser Fähigkeit, mitten in einem Chaos vollkommen abschalten zu können, gestaltete Germaine de Staël ganz im Sinne des stoischen Menschenbildes eine besondere Fertigkeit, die erklärt, warum sie ein nicht unbedeutendes literarisches Werk hinterlassen hat. Das erstaunliche Talent, schon als Kind über Nacht längere Theaterrollen auswendig zu lernen und sie selbst auf einer Privatbühne vorzuführen, kam ihr dabei ebenso zu Hilfe wie eine innere Disziplinierung als rationaler Lust an der Reflexion.

Hätte es bei ihr dieses Vermögen zur Einkehr, gedanklicher Stringenz und planendem Verstand nicht gegeben, wäre sie ein quirliges Salonwesen geblieben – mit tiefem Dekolleté, «schönen Augen», onduliertem Ringelhaar unterm orientalischen Turban, fleischigem Nacken, molligen Hüften und einem ständig bewegten Plapper-Mäulchen. Es bedurfte also einer großen individuellen Anstrengung, in der von eitlen und ehrgeizigen Männern dominierten Gesellschaft sich nicht nur als Frau Gehör zu verschaffen, sondern auch etwas vermitteln zu können, das auf Dauer Substanz besaß. Dazu gehörte vor allem ihre Position der *Passion réfléchissante* als Leidensdruck, wie er nur aus der besonderen Spannung zwischen «reinem Herzen» und «reiner Vernunft» wachsen konnte: In als «höllisch» empfundenen Konflikten, die Fühlen und Denken gegeneinander treiben, statt sie nützlich miteinander zu verbinden.

An diesem Experiment hat sich Germaine de Staël ihr bewußtes Leben lang abgearbeitet. Von der Vorstellung geleitet, daß sich Mann und Frau im Erleben einer gemeinsamen Liebe nicht in ihren individuellen Möglichkeiten halbieren dürften, sondern verdoppeln müßten, bemühte sie sich stets von neuem, scheinbare Extreme zusammenzuführen und einen gerechten Ausgleich zu schaffen. Ihre Sehnsucht nach Überwindung des Ich-Wahns und der Eigenliebe übertrug sich sogar auf das Politische im Sinne des libertären Alt-Europa, das darin auf höchster Ebene eine «große Ehe» (Per Brahe) sah. Als sie nach dem Tod (1794) der zunehmend verachteten Mutter Suzanne von Coppet aus wieder nach Paris geht, eröffnet sie im Mai 1795 ihren Salon in der Rue du Bac (Faubourg Saint-Germain) – nicht weit vom späteren Außenministerium Talleyrands. Von diesem Zentrum aus setzte sie alles in Bewegung, um überlebende Royalisten und geläuterte Republikaner auf die neue Verfassung mit dem «Rat der Fünfhundert» zu verpflichten – unter der Regierung des «Direktoriums» und einer wachsenden Korruption.

Das Engagement erwies sich jedoch bald als Illusion. Nicht weniger als die zarte und dann heftig auflodernde Hoffnung, den Poeten François de Pange für ihr nach Bestätigung lechzendes Herz gewinnen zu können. Was immer sie auch in diesem erhellenden Fall unternahm, um dem «Sehnen meiner Seele» Linderung und gar Erfüllung zu verschaffen, stieß auf eine andere Wirklichkeit. Denn der umworbene Publizist liebte nicht nur seit Jugendtagen eine schöne adlige Witwe, er litt auch an der Tuberkulose, die Germaine de Staël mit Ziegenmilch kurieren wollte. Das einzige, was er ihr zugestehen mochte, war eine Freundschaft, die letztlich zu nichts verpflichtete und ihm die Einbildung sicherte, seine «Unabhängigkeit» bewahren zu dürfen: Als läge der höchste Lebenssinn darin, das eigene Ich nicht durch ein anderes Selbst entfremden zu lassen.

Die Angst dieses Chevalier de Pange, der durch ein sanftes Wesen und eigenwillige Geistigkeit auf nicht wenige Frauen einen magnetischen Reiz ausübte, verführte Germaine de Staël zu einer bemerkenswerten Offenbarung. Zu mitternächtlicher Stunde spielt sie sich 1795 in einem Brief erst als Gequälte auf und lockt ihn dann mit der scheinheiligen Frage: «Habe ich auch nur ausprobiert, welche Macht ich als

Frau über Sie haben könnte?» Die Liebe als Machtfrage? Denkt man dabei an das nicht unerhebliche Maß an Aggression zwischen den Geschlechtern, dann erscheinen Eris (Streit) und Eros (Liebe) als zwei Seiten einer Medaille, in die der Satz vom «Unbehagen in der Kultur» (Freud) graviert zu sein scheint.

Madame de Staëls Unbehagen an dem kultivierten Wortmagier, der sich seine eigenen Begriffe von der Geschichte als Menschenwerk machte, nährte sich hier weniger aus der Aggression als «Bodensatz aller zärtlichen und Liebesbeziehungen unter den Menschen» (Freud). Vielmehr entsprang es dem Staunen darüber, wie ihr Angebot der Liebe ohne Gegenliebe bleiben konnte, trotz der offenkundigen Seelenverwandtschaft und des freundlichen Umgangs im sonst so aggressiven Paris. Eine ähnliche Verwunderung zelebrierte ihr Zeitgenosse, der österreichische Botschafter Metternich, als er sich um die schöne Wilhelmine von Sagan bemühte. Eine «seelenkranke» Frau, die von ihm bloß aus Eitelkeit, Verfügungslust und diplomatischem Machtkalkül umworben wurde: «J'ai raisonné; doch wer gegen das Herz ankämpft, bietet vergebens Vernunftgründe auf ... Warum ist dieser süße Seelenfrieden von mir gewichen?»

Diese und tausend andere Fragen finden sich auch bei Germaine de Staël, über die Metternich wenig Schmeichelhaftes sagen konnte. Beide gleichen sich in der Manie, dem anderen zum Schein alles geben zu wollen, aber sich selbst nichts wirklich nehmen zu lassen. In dieser Kunst des schizoid angelegten Blendens waren beide auf ihre Art mehr als geübt. Es ist schon Raffinement, wie sie sich an ihren Ehepartnern vorbeimogelten und in immer neuen Anläufen auf das angeblich «große Glück» zustrebten: Süchtig, zu besitzen, was sich mit Vernunft ihrem lodernden «Herzen» entzog.

Germaine de Staël erkannte das Problem im Falle de Pange, kannte sie doch ihre Mängel fast selbst, und rief dem Angebeteten zu: «Geben Sie mir von Ihrem Überfluß, was mein Leben sein wird.» Gleichzeitig aber pochte sie auch auf ein Recht auf Liebe und machte sich klar, wohin ihre Schwächen führen müßten, wäre sie vom Partner gefordert, sich wirklich hinzugeben: «Ich habe manchmal daran gedacht, mich Ihnen ganz zu weihen, doch nie Sie mir. Wer den anderen braucht, muß sich unterwerfen; und wie oft habe ich Ihnen nicht gesagt, daß ich keinerlei Herrschaft über mich selbst hatte, daß allein die Bande des Herzens mir Kraft geben konnten und daß ich zugrunde gehen würde, wenn keiner sich um mich kümmerte ...»

War diese Einsicht ernst gemeint? Oder wurde die Sehnsucht nach Gegenseitigkeit nur benutzt, um sich des Vatererbes erneut zu versichern? Als dann de Pange entgegen ihrem Willen doch noch die verwitwete Madame de Serilly geheiratet hatte, gab sie in einem Brief zu diesem «betäubenden Ereignis» zu, am Oszillieren der Gefühle einen besonderen Spaß zu haben. Sei's, um die Langeweile zu bekämpfen, sei's, um einem Chaos zu entkommen: «Ich glaube, wenn man siebenundzwanzig ist und keine entscheidende Vorliebe hat, mischt man in seine Freundschaft irgend etwas Vages und Außerordentliches, was ihr Reiz verleiht.»

Ob das Heruntersetzen des Alters auf 27 Jahre (sie war damals 29) auch zu diesem Spiel gehörte, den Alltag so aufzudonnern wie einst die Haargebirge zu Zeiten der Marie-Antoinette? Feststeht, daß Germaine de Staël es zeit ihres Lebens nicht lassen konnte, immer wieder die *Gefall-Tochter* zu mimen: Ein Wesen, das mit Selbstmord drohen konnte, sollte sie jemals beim angehimmelten Vater in Vergessenheit geraten. Das Wirbeln mit Fächern, das Kokettieren mit Blicken oder das Blinken mit Schmuck und Haarputz war Germaine von Kind an vertraut. Jacques Necker in seiner sonst so calvinistischen Strenge und Abkehr vom Sinnlichen ließ sie gewähren. Er fand mit der Zeit selbst Gefallen daran, von der flügge gewordenen Tochter ein Blendwerk zu erhalten, das die Ehefrau in ihrer Todesmanie als Lästerung und Sünde empfand – Liebesdienste zum Schein.

Germaine de Staël, die schon als Mädchen das Bogenschießen liebte und bald gekonnt beherrschte, übertrug diese Kunst auf die Jagd nach dem jeweils angepirschten Ersatzvater. Sie wunderte sich dann wie ein weltfremdes Kind, wenn einer der Angeschossenen nicht lange mitspielen wollte: Weder Talleyrand in seiner inszenierten Selbstsucht, der die «allerinnersten Regungen der Seele» vor ihrer Neugier verbarg, noch Narbonne, der «göttliche Freund», den sie um winzige Mitteilungen bat und dem sie mit dem sofortigen Freitod drohte, wenn er sie wieder einmal wegen einer Liebes- oder Staats-Affäre «vergessen» hatte.

Neben dieser Prägung wurde Madame de Staël auch von jenem psychischen Muster geplagt, das heute *Erfolgs-Tochter* genannt wird. Sie hatte weder eine Schule besucht noch an einer Universität oder Akademie studiert, fühlte sich aber durch den Salon ihrer Mutter in Coppet schon als Kind zur Welt des Geistes hingezogen und veranlaßt, ihre intellektuelle Tüchtigkeit unter Beweis zu stellen: War sie nicht gerade mit einem Liebhaber und tausend Freunden in ganz Europa beschäftigt, dann galt ihr unermüdlicher Eifer dem Abfassen kluger Schriften zur Lebensphilosophie im Geiste Rousseaus, ihrer Drucklegung und der Diskussion darüber.

Der Titel *Romancière* steht ihr vorzüglich und würde auch zutreffen, hätte sie den Roman «Delphine» nicht geschrieben. Vorausgesetzt, man wollte nicht so böswillig sein wie Talleyrand, ihrem ersten Liebhaber, dem sie in der Figur der «Madame de Vernon» recht übel mitspielte. Denn diese «Sphinx», die vier Regimes zu Diensten war, um Frankreich zu nützen, schlug mit einem vernichtend wirkenden Stich-Wort zurück: «Ich verstehe, daß Madame de Staël in ihrem Roman sowohl sich wie mich als Frauen verkleidet hat.»

Das Vermännlichte an ihr ist vielen Zeitgenossen aufgefallen. Es bestätigt ihren Erfolgstrieb, von Männern in philo-

Schloß Coppet

sophischen, literarischen und politischen Dingen anerkannt zu werden, zumal sie der Vater das «intelligenteste Wesen auf der Welt» genannt hat. Es gibt in ihrem Leben als Schriftstellerin zahlreiche Belege, daß die Verachtung des Vaters für «die untaugliche Gefühlswelt der Mutter» von der Erfolgstochter nachvollzogen und in ihrem eigenen Ehrgeiz noch gesteigert wird: Dem jeweiligen Partner zum Verdruß, wenn er in ihr das «Andere» sucht und nicht eine Variante oder Kopie seiner selbst finden möchte.

Germaine de Staël wollte allerdings in ihrem publizistischen Streben nicht irgendeine «bessere Hälfte» sein oder gar der «beste Mann». Sie sehnte sich vielmehr danach, in ihrem geistigen und körperlichen Eigenwert als Mensch anerkannt zu werden. Ein Vorhaben, das schwierig genug war, wenn man daran denkt, daß die tapfere Olympe de Gouges während ihres Kampfes für die «Menschenrechte der Frau» als gleichberechtigte «Bürgerin» von dem aristokratischen Advokaten Robespierre unters Fallbeil der Guillotine gezwungen wurde. Gegen diese und andere Behandlungen der Frau hat sich Germaine de Staël wiederholt aufgelehnt. Letztlich

Cercle bei Madame de Staël

erreichte sie aber nur, nicht so zu werden wie ihre Mutter, ans Haus gebunden und Gott ergeben. Sie erfüllt auch in dieser Hinsicht alle Bedingungen einer sogenannten *Trotz-Tochter*, die nach ungeteilter Aufmerksamkeit verlangt – «ob Ablehnung oder Zustimmung ist gleichgültig» (J. Onken).

All diese Prägungen haben sich in der Tochter von Jacques und Suzanne Necker in vielen Brechungen überlagert. Ihr Leben gleicht einem Kaleidoskop, dessen Reichtum bei jeder inneren Drehung oder nach einem Schlag von außen neu und anders zu gleißen beginnt. In einem Brief an Garat, den sie als «den geistreichsten Mann Frankreichs» betrachtete, drückte sie diese komplexe innere Anlage ihres Gemütes als das Zusammenwirken von Körper, Geist und Seele in den einfachen Worten aus: «Jeder Beweis von Mut eines guten Menschen macht ihm die nächste Mühe leichter, weil er seine Kraft vergrößert.» Auf solche Einsichten und Leistungsanweisungen trifft man allenthalben in ihrem vielgestaltigen Werk. Darin läßt sie in jeder Phase die Ambition erkennen, aus dem Geschenk des Lebens und der Reflexion ein Optimum zu gestalten. Verständlich, daß jeder, der in diesen Bannkreis geriet, unmittelbar herausgefordert werden mußte, nicht nur mit dem Übervater Necker versteckt oder offen verglichen zu werden, sondern auch über sich selbst nachzudenken.

Wer unter den Männern ihres Freundeskreises konnte diese Prüfungen auf Dauer ertragen, wenn er gleichzeitig kreativ sein wollte, sich in die Politik des Zeitalters mischte und selbst mit der Eigenliebe zu ringen hatte? Benjamin Constant hat es versucht und vierzehn stimulierende wie zermürbende Jahre ausgehalten. Ohne zu wissen, was Germaine de Staël seinem einstigen Kampfgefährten und Mitgefangenen François de Pange 1796 zu dessen Heirat mit entwaffnender Offenheit geschrieben hatte: «Ich bin ich und Sie sind Sie; ich darf bei diesem Gedanken wieder Mut fassen.»

Der verlorene Sohn

Nach Ansicht von Germaine de Staël soll Benjamin Constant «ein Verrückter mit viel Geist und ungemein häßlich» gewesen sein. Diese nicht gerade schmeichelhafte Einschätzung ihres neuen Mitarbeiters in politischen Dingen schrieb sie Anfang März 1795 an den von ihr heiß umworbenen Adelsverschwörer Graf Ribbing aus Schweden: Sie wollte sich vor dem «göttlichen Gesicht» des Angebeteten rechtfertigen und den undankbaren Narbonne aus allen Sinnen drängen.

Was hier der Koketterie des Augenblicks entsprang oder von einem Kalkül auf lange Sicht geprägt wurde, kann kaum entschieden werden. Denn sie fühlte sich nicht nur in ihren stürmischen Herzenssachen als «Sklavin und Königin zugleich». Aus der Spannung von Extremen zog sie einen eigentümlichen Lebensreiz. Dessen Äußerungen machen es schwer, jedem ihrer wirbelnden Worte oder hingeworfenen Urteile recht zu trauen. Nannte sie Constant manchmal einen *Weißen Teufel*, dann konnte auch der Schwarzfluß oder die Melancholie die Gedanken beherrscht haben. Ja, sogar die rasche Hand, die oft nur zum Schein bereute, was sie seiner empfindsamen Seele angetan hatte. Um Worte war sie selten verlegen, sobald es darum ging, ihre «wilden Wutanfälle» aus Nichtigkeiten zu erklären oder zu beschönigen. Aber eines schaffte die Vater-Tochter Necker in ihrem Erfindungsreichtum nie: Benjamin Constant als Mutter-Söhnchen zu verhöhnen.

Dafür hatte schon die Grausamkeit der Natur vorgesorgt. Denn seine Mutter Henriette de Chandieu, die einer alten Hugenottenfamilie entstammte, «starb im Wochenbett acht

Tage nach meiner Geburt», die auf den 25. Oktober 1767 gefallen war. So steht es in der Autobiographie Constants, die er wahrscheinlich Ende 1811 unter dem Titel «Mein Leben» verfaßt hat. Entgegen diesem Bericht, der nur die Jahre bis 1787 beschreibt und als «Das Rote Heft» bezeichnet wird, hat die dreiundzwanzigjährige Mutter aber noch eine Woche länger gelebt. Kaum zum Trost des bereits 41 Jahre alten Vaters Juste Constant de Rebecque, der lange Jahre Witwer blieb und erst 1812 sterben sollte – aus Prozeßwut gegen die Berner Stadt-Aristokratie verbittert und verarmt. Benjamin wuchs so als Einzelkind auf, stets mit dem Militärdasein seines Vaters verbunden, der als Hauptmann und Oberst zwischen 1764 und 1784 den Generalstaaten der Niederlande diente.

Diese frühe Nähe zum Militärischen mußte nicht unbedingt ein Nachteil sein. Auch der junge Descartes hatte hier im Geist ständischer Verteidigung das Kriegshandwerk erlernt – jedoch nicht zum Zweck brutaler Eroberung, sondern im Sinne eines Treuhänders, der Gut und Blut für Leib und Leben einsetzte. Gewichtige Spuren dieses Patriotismus aus ehrbarer Notwehr finden sich später in Constants gnadenloser Abrechnung mit dem «Geist der Eroberung und der Usurpation» (1814) als einem Grundübel zerrütteten Vertragsgeistes.

Als Kind und Jugendlicher lebte Constant also nicht durchweg in geordneten Verhältnissen. Denn trotz des äußeren stabilen Rahmens, den ihm der Vater bot, fehlte es ihm an mütterlicher Zuneigung und Wärme: Er fühlte sich verloren. Das macht erklärbar, warum er sich als Erwachsener immer wieder nach *Ruhe im Recht* gesehnt hat – auch nach Geborgenheit in jedem «durch Schwermut vergifteten Tag» neu.

Riß die Mutter von Germaine Necker die gesamte Erziehung ihrer Tochter an sich, um sie ja vor schädlichen Fremdeinflüssen zu bewahren, so überließ Juste Constant seinen

Benjamin Constant im Alter von elf Jahren

Sohn Benjamin im Alter von fünf Jahren ständig wechselnden «Hofmeistern». Diese Hauslehrer, die bei geringsten Anlässen der Unzufriedenheit gefeuert werden konnten, prägten den jungen Constant in einer Weise, wie sie ihm anders geordnet später auch bei Germaine de Staël begegnen sollte. Zunächst bekam ihn ein Deutscher in seine Obhut, «der mich prügelte und darauf mit Zärtlichkeiten überhäufte, damit ich mich bei meinem Vater nicht über ihn beklagte». Dieses Erlebnis, erst die Peitsche spüren zu müssen, um dann ein Zuckerbrot erhalten zu dürfen, machte ihn früh mißtrauisch. Gleichwohl dankte er dem neurotischen Schläger für die originelle Art, mit der er ihm das klassische Griechisch beigebracht hatte: Er enthüllte ihm den «griechischen» Kern zahlreicher Begriffe der französischen Sprache und erschloß ihm auf diese Weise das Erbe der Antike.

Im Alter von sieben Jahren nahm ihn sein Vater zu sich nach Brüssel und versuchte, den aufgeweckten Jungen nach eigenen Methoden zu erziehen. Aber Juste Constants Talent in Sachen Kindererziehung erschöpfte sich bald, so daß Benjamin einem französischen Stabsarzt überantwortet wurde, dem alle Sinne nach ungezügelter «Fleischeslust» standen. Er trieb es zeitweise so übel, daß er sogar mit dem jungen Constant in ein Freudenhaus zog, «um in seinen Vergnügungen größere Freiheit zu haben». Verständlich, daß sein Vater bald aus der Garnison herbeigelaufen kam, um dem tollen Treiben ein schnelles Ende zu bereiten. Doch in seiner Befangenheit als Militär wußte er sich in Erziehungsfragen anscheinend keinen anderen Rat, als seinen Sohn wildfremden Leuten anzuvertrauen, wenn sie ihn nur gut beschwatzten und er sich mit Geld seiner Verantwortung entledigen konnte.

Benjamin selbst will schon früh bei all diesen gescheiterten Existenzen beobachtet haben, «daß diejenigen, die mich unterrichten und meine Moral verbessern sollten, selbst äußerst unwissend und sittenlose Leute» seien. In Brüssel meist sich selbst überlassen, machte er Bekanntschaft mit dem Atheismus. Er verlor zwar seinen Kinderglauben, bewahrte sich aber ein genuines Interesse für das religiöse Bedürfnis vieler Menschen und geriet unversehens an ein besonderes «Lesekabinett». Ganz in der Nähe seiner zeitweiligen Zieheltern wurde ihm die Möglichkeit geboten, «mit allen Romanen der Welt und sämtlichen damals modernen irreligiösen Schriften» bekannt zu werden.

Leseratte und Bücherwurm in einem – Jahre danach sollte seine Hand-Bibliothek fast 4000 Bände umfassen – verbrachte er in diesem Kabinett «acht bis zehn Stunden am Tag» und machte sich mit dem Materialismus sowie der Seelenlehre des Arztes La Mettrie vertraut. Oder er las die Werke Crébillons, der mit seinen psychologisch angelegten Romanen das amoralische Leben des französischen Adels im Ancien Régime beschrieb und alle Auswüchse der Libertinage geißelte.

Fast vierzig Jahre nach diesen Erlebnissen gestand Benjamin Constant, daß «mein Denken und Sehen von dieser Lektüre mein Leben lang geprägt geblieben ist». Sie hatte ihn gelehrt, daß die Menschen ihre Worte und Werke selten in Übereinstimmung bringen können. Ihre Ansprüche nach außen waren eine Sache und ihr Vermögen nach innen eine ganz andere. Mehr als einmal sah er sich selbst dieser Spannung ausgesetzt, fand aber keine rechte Erklärung dafür.

Vor allem die Sehnsucht nach Frauen und das Erleben der Liebe durchkreuzten ihm das Bemühen um eine gewisse Stetigkeit im Leben und im Versuch, sein «eigener Herr» zu sein und zu bleiben.

Die Affäre des unglücklichen Monsieur Duplessis, seinem «vierten Hofmeister», führte ihm drastisch vor Augen, was es bedeuten konnte, sobald ein Mensch die irdische Seinsgewißheit verlor und den Glauben an eine gütige Vorsehung Gottes dazu. Duplessis, ein entlaufener Mönch, «von schwachem Charakter, doch gutmütig und nicht ohne Geist», fand zwar eine gewisse Achtung seines schüchternen Zöglings. Er spürte jedoch sogleich die «große Verachtung» des Juste Constant für Pfaffen aller Art und mußte bald wieder seine Stellung aufgeben. Kaum entlassen, verliebte er sich in den Diensten eines jungen Grafen in dessen «leichtfertige Schwester». Dieser gefiel es, aus ihm einen regelrechten Narren zu machen, ihn in seiner «blinden Liebe» fortwährend zu demütigen und zu veranlassen, «tausend Torheiten» zu begehen – wegen eines verwegenen Perückenmachers, dem sie kurz ihre Gunst geschenkt hatte. Trotz seiner fünfzig Jahre, des niederen Standes und einer äußeren Gestalt, die alles andere war als die eines «Göttersohnes» (Herder), kam der entwurzelte Mönch nicht zur Besinnung, sondern steigerte sich in ein Raserei: «Schließlich geriet er vollkommen außer sich und schoß sich eine Kugel durch den Kopf.»

Es erscheint bemerkenswert, daß sich Benjamin Constant so genau an das traurige Los seines entlassenen Hauslehrers erinnert hat. Denn die verrückte Geschichte des umherirrenden Klosterbruders, der sich verloren vorkam und in den Äußerungen der Welt keinen beständigen Halt finden konnte, wirft manches Licht auf ihn selbst, besonders in seinem Verhältnis zu Madame de Staël. Anders und im vorherrschenden Jargon der Eigenliebe ausgedrückt: Der Mensch als Monade kann sich selbst nicht genügen und wird ewig von der «Sehnsucht nach dem Anderen» (Horkheimer) getrieben – ein Nomade auf irdischer Seelenwanderung. Dieses heiß ersehnte «Andere» konnte vielerlei Gestalt annehmen. Die Suche nach einer Religion ohne Gott gehörte ebenso dazu wie das Erkunden eines fremden Landes oder das Lernen einer anderen Sprache. Constant kannte sich in diesem Labyrinth schon früh aus und schätzte es, in Oxford, Edinburgh oder London eine Ordnung gefunden zu haben, die ihm zum Maß des Liberalismus werden sollte – im Alltag wie in der Politik.

Eine ähnliche Stütze ersehnte er sich in seinen häufig

wechselnden Leidenschaften für das «andere Geschlecht». Aber die innere Schönheit seiner freisinnigen Gedanken und «edlen Hoffnungen» wurde durch eine übergroße Schüchternheit blockiert, während seine äußere Erscheinung kein Frauenzimmer veranlaßte, aus dem Häuschen zu geraten. Außerdem war er nicht gerade mit materiellen Gütern gesegnet, hielt ihn doch der Vater ziemlich knapp. Darüber täuscht auch dessen Bereitschaft nicht hinweg, Spielschulden seines Stammhalters zu begleichen und ihn damit als Versager zu bestätigen.

Engen Kontakt mit dieser Art des Zeitvertreibs im Zeitalter entnervender Langeweile bekam Benjamin Constant mit vierzehn Jahren. Auf Geheiß seines Vaters hatte er sich an der Universität Erlangen einzuschreiben und erging sich «an dem kleinen Hof der Markgräfin von Bayreuth» neben den akademischen Fächern «in allerlei Extravaganzen». Der markgräflichen Gunst gewiß und endlich dem unmittelbaren Zugriff des überforderten Vaters entzogen, erschien der junge Constant nicht nur in den Kollegs der Universität. Er tauchte auch täglich «zum Pharao» am Hofe auf und verlor bei diesem französischen Kartenspiel mehr als nur ein Taschengeld – zur gleichen Zeit wie Mozart, der diesem Spiel verfallen war, oder Friedrich Gentz, mit dem er bald das gefährdete Los eines politischen Schriftstellers teilen sollte. Einfach zu sagen, hier wären verantwortungslose Spielernaturen am Werk gewesen, würde ihr Verhalten erheblich schematisieren und auch das Psychogramm über Constant verzerren. Denn es gab vor der Revolution von 1789 zwei Haupttypen, die dieser Leidenschaft frönten. Jene, die eigenes Vermögen einsetzten, um mit dem Kitzel des Spiels etwas Verlorenes wiedergewinnen zu können: Bei ihnen geriet die Versuchung zu einem Akt des Erinnerns. Und die anderen, die oft geliehenes Geld ins Spiel brachten, um mit einem Schlag ihrer Misere zu entrinnen: Ihnen war dieser Reiz ein Hochgenuß des Vergessens.

Im ersten Fall begegneten sich Gewissen und Geschichte, im anderen verdichtete sich eine trügerische Hoffnung auf die Erfüllung eines glücklichen Augenblicks, der nur die Präsenz des Gegenwärtigen kennen wollte. Constants fast täglicher Gang zur «Pharao-Bank» nährte sich aus dem Behagen, sich in der gläsernen Härte der Glückszahlen zu spiegeln. Nicht wesentlich anders verhielt er sich in Erlangen, als er sich um eine Mätresse bemühte, scheiterte und dennoch das Gerede darüber auskostete, das diese «bizarre Sache» bei Hofe begleitete.

So wie der von ihm bewunderte Friedrich II. von Preußen eine Generation früher «in den Gazetten stehen» wollte, so drängte es auch Constant, in Salons und adligen Gesellschaften «von mir reden zu machen». Dieses Spiel reizte er nach eigenem Bekunden so weit aus, bis er «die Zielscheibe empörten Aufbegehrens und allgemeiner Mißbilligung war». Kein Wunder, daß sein besorgter Vater ihn von der Verliererstraße holen und das einzige Heil für den Stammhalter in einem Ortswechsel sehen wollte.

Nach Edinburgh ging im Juli 1783 die Reise, wo Juste Constant verständige Freunde kannte. Sie halfen denn auch dabei, daß Benjamin «das angenehmste Jahr meines Lebens» beginnen konnte und Freude am Studieren fand. Er schloß sich nach eigenen Angaben verschiedenen Zirkeln an, in denen über Literatur und Philosophie gestritten wurde, trat dort gar als Redner auf und suchte Bekanntschaften «mit Männern, die größtenteils im späteren Leben einen Namen bekommen haben». Einer unter ihnen hieß John Wilde und war der Sohn eines Tabakhändlers. Er hatte es durch unermüdlichen Lerneifer und einen ausgezeichneten Charakter geschafft, Hindernisse zu überwinden, die Geburt und ständische Stellung errichtet hatten. In Constants Augen genoß dieser kenntnisreiche und wortgewandte Aufsteiger «eine fast unumschränkte Autorität» in seinen Freundeskreisen.

Es gefiel Constant durchaus, in diesem erfolgreichen Pro-

Spielsalon, um 1810

fessor der Rechte die Anerkennung eines natürlichen Adels zu bewundern, der sich durch Wissen und Können Achtung verschafft. Aber gleichzeitig wurden ihm an diesem Fall auch die Grenzen jener Leute bewußt, die überanstrengt das eigene Wesen an ihre Phantasie verlieren. John Wilde verfiel «in Tobsucht und wenn er nicht gestorben ist, so liegt er noch jetzt gefesselt in einer Zelle auf Stroh. Armes elendes Menschengeschlecht! Wie armselig ist es doch um uns und unsere Hoffnungen bestellt!» Dieser Zuruf entrang sich nicht dem sechzehnjährigen, sondern dem 44 Jahre alten Constant, dem inzwischen kaum eine Nachtseite menschlichen Daseins verborgen oder erspart geblieben war. Das Pharao-Spiel mit geborgtem Geld hatte ihn selbst in Edinburgh gefesselt, und nur mit Mühe konnte er seine Gläubiger beschwichtigen. Vater Constant, wegen seiner Prozeßwut selbst nicht selten in Geldnöten, half auch hier wieder aus. Er kümmerte sich gar darum, daß der mittlerweile 18 Jahre alte Sohn in Paris kontrolliert wurde, damit er «nicht in eine völlig zügel- und sittenlose Lebensweise verfiel».

Spielhöllen und Freudenhäuser jedoch lockten ständig, sich von der mühselig zu erwerbenden Kunst zu lösen, die eigenen Abhängigkeiten zu beherrschen. Und dazu gehörten ja nicht nur die Lustbarkeiten und das standesgemäße Auftreten, sondern auch das Treuhandgebot gegenüber dem familiären Vermögen, aus dessen jährlichen Erträgen der Großteil adliger Lebensführung gezogen wurde.

Es fällt auf, daß schon der junge Constant in diesen Dingen für sich selber eine steigende Abneigung empfand. Unter allen Zügen, womit die Natur ihn ausgestattet hatte, betrachtete er den Hang zu einer «großen Lebensverachtung» als überaus wichtig. Er meinte damit persönlichen Mut, aber auch den «geheimen Wunsch, aus (dem Leben) zu scheiden, um allem aus dem Wege zu gehen, was mir an Unangenehmem darin noch geschehen könnte».

Verständlich, bedenkt man sein Verhältnis zu Frauen, machte er doch in den Begegnungen mit dem «anderen Geschlecht» nicht die besten Erfahrungen. Eine erste schüchterne Liebe erfüllte sich nicht. Denn das Mädchen wurde an einen anderen verheiratet und starb wie seine Mutter im Wochenbett. Eine zweite Liebe in der Genfer Kolonie Brüssels, wo er nach dem Aufenthalt in Paris ein privates Quartier zu beziehen hatte, rührte zwar all seine Sinne und ließ ihn mit Dankbarkeit zurückdenken. Aber auch Madame Johannot kam in andere Hände und durchlitt eine schier unerträgliche Ehe mit einem rabiaten Militär, der in der Revolution 1792 eine «feige, zweideutige Rolle spielte». Er sollte nicht allein für den Tod Ludwigs XVI. stimmen, sondern schaffte es auch, die eigene Frau so lange zu demütigen, bis sie schließlich im «Selbstmord durch Gift» endete.

An tragischen Szenen herrscht in Constants frühem Leben

kein Mangel. Wäre er darüber auf Dauer gestört und trübsinnig geworden, hätte man hier nach einer Ursache seiner Beschädigungen suchen können. Doch ein eigenartiges Geschick verhinderte es, daß er in die Abgründe stürzte, die sich vor ihm auftaten. Es lag wohl in seiner Art, sich meist selbst im Wege zu stehen und dadurch auf sonderbare Weise gerade zu schützen. Die Liebesaffäre mit der Engländerin Harriet Trevor geborene Burton in Lausanne belegt einerseits das Ungelenke an ihm, tödlich für jeden Galant. Auf der anderen Seite aber offenbart ein Mißverständnis zwischen beiden auch, was sich künftig bei Benjamin Constant als hohe Qualität erweisen soll: Sie stritten um die Bedeutung der Worte «Liebe» und «Freundschaft».

Eingedenk ihres eifersüchtigen Ehemannes, des englischen Diplomaten John Trevor, mochte Harriet trotz einiger Gefühle dem stürmischen Salonadligen nur «die innigste Freundschaft» anbieten. Constant wollte darüber in «tiefste Verzweiflung» fallen, hatte er doch von «Liebe» geschwärmt. Jetzt fühlte er sich in seinem Bedürfnis nach gleichwertiger Gegenseitigkeit so gut wie betrogen. Jedenfalls spielte er der verwunderten Dame diese Rolle vor: «Ich wälzte mich also auf dem Boden und rannte mit dem Kopf gegen die Wand, alles wegen dieses unseligen Wortes Freundschaft.» Plötzlich löst sich seine «außerordentliche Schüchternheit» in ein wild aufgemachtes Werben um eine verheiratete Frau, die gar nicht daran dachte, sich seinetwegen Unheil einzuhandeln.

Auch seine Drohung, sich zu töten, ja die Forderung des Ehegatten zum Duell erinnern an Theaterdonner und offenbaren bei Constant einen nicht unerheblichen Grad an Verstellungskunst, ja schizoid begründetes Blenden. Ein gesteigerter Ausdruck an Selbsttäuschung ist unverkennbar. Nicht anders als die epigrammatische Art, sich in Schlaumeiereien zu retten, um ja nicht sich selbst auf den Grund gehen zu müssen: «Ich wußte noch nicht, daß man nehmen muß, anstatt zu verlangen; ich verlangte nur immer, nahm aber nie.»

Selbst eingebildete Gefühle und Leidenschaften nimmt er sich so zu Herzen, daß die familiäre Umgebung in Sorge um seine Gesundheit gerät und Handreichungen bietet: Hilfen zur Selbsthilfe.

Davon aber will Constant nur wenig wissen. Denn seine «Leidenschaft fürs Spiel» und die Anfälligkeit, immer wieder einer «lächerlichen Liebe» oder zweifelhaften Freundschaft aufzusitzen, durchbrechen alle Anstrengungen, ihn mit Tugendpredigten zu bekehren. Mit der ihm eigenen Alters-Ironie und der ungebrochenen Lust an Brechungen des eigenen Charakters findet er in seinem jugendlichen Lotterleben Ansätze zum «Feigling» wie zum Angeber. Das Ungeschick in arrangierten Heiratssachen wird ihm dabei ebenso bewußt wie die dramatisierten Versuche, sich in zugespitzten Konflikten selbst den Tod geben zu wollen, ohne jemals konsequent zu sein.

Der Hang, sich wie ein Narr aufzuführen, ist unverkennbar. Auch von den bemühten «ritterlichen Episteln», die seinem adligen Stand entsprochen hätten, blieb meist nur das Eingeständnis übrig: «Ich spielte den Romanhelden ganz für mich allein.» In der Spannung von Spielleidenschaft, Heiratsprojekten und Vergiftungsversuchen testet der junge Constant alle Möglichkeiten der eigenen Belastbarkeit, und mittels des ständischen Lebens erprobt er, was der «Originalität meines Charakters» zuträglich ist.

Dazu gehörte auch das Politische. Jedoch nicht in der Form des Ancien Régime, wie er es seit 1785 in Paris kennengelernt hat, sondern im vertraglichen Liberalismus, dem englischen Modell. Constant bedeutet das England von 1787 mehr als nur das Land, wo beim Pferdekauf oder Geldleihen Vorsicht geboten war. Seine innere Ordnung nach Maßgabe drittwirkender Gewaltenteilung und Rechtstaatlichkeit erscheint ihm als «die Zuflucht für alles, was edel ist, den

Isabelle de Charrière

Hort des Glücks, der Weisheit und der Freiheit, wo man jedoch nicht vorbehaltlos auf Versprechungen seiner College-Freunde zählen darf».

Neben seiner zeitweiligen Sucht, einen «geistigen Rausch» zu erleben, sehnte sich Constant wie Madame de Staël nach einem Aristokratismus hoher Geistigkeit, der Kenntnisse voraussetzte statt Ahnenproben oder Bindungen des «Erbwahns» (Kant). Sein Individualismus an der Grenze zur Ich-Sucht sträubte sich gegen Rituale und bedingungslos geforderte Konventionen. Deshalb fühlte er sich auch im Pariser Salon von Jean-Baptiste Suard wohl, einem Mann von Welt und mit den Neckers befreundet, wo er die ältere Madame de Charrière kennenlernte, die ihn in einen «Gärungsprozeß» versetzte. Skeptisch wie sie war, zog sie im Geist der Aufklärung «unentwegt über die Dummheit des Menschengeschlechts» her und bestärkte Constant in seiner «Bewunderung für alles Bizarre, Ungewöhnliche, Originelle». Schließlich erreichte sie «bei mir, daß es mich wahrhaft danach dürstete, mich außerhalb des gewohnten Geleises zu bewegen ...»

Es ist mit Recht darauf hingewiesen worden, daß Benjamin Constant auf unverwechselbare Weise ein Außenseitertum gepflegt hat. Gleichzeitig aber bewegte er sich im Rahmen der ständisch strukturierten Gesellschaft, die selbst Anleitungen bot, sich «Konvenienz und Sitte» dann zu widersetzen, wenn sie der Einsicht aller Vernunft widersprachen.

Madame de Charrière, eine gebürtige Holländerin und Autorin kritisch-satirischer Schriften und Romane, hatte im Salon Suard die Neigung des jungen Constant früh erkannt, gegen jeden Stachel zu löcken. Dieses Talent förderte sie selbst dann noch, als der leichtsinnige Spielernarr Geld bei ihr borgte. Isabelle de Charrière war sicher kein Mutter-Ersatz, aber doch eine klug prägende Mentorin, die ihren Worten entsprechende Taten folgen ließ und damit mehr als einmal aus der konventionellen Rolle fiel: Ob in der Adelssatire

«Le Noble» oder mit dem Briefroman «Caliste», in dem sie einen jungen Schwächling vorführt. Bei allen Schwächen, deren sich Constant bewußt war, wollte er aber diese Rolle nicht spielen, sondern als originäres, das heißt unverwechselbares Wesen ernstgenommen werden. Madame de Charrière, 27 Jahre älter als er und bald in Colombier ansässig, entsprach diesem fordernden Wunsch. Sie erfüllte auch sein beständiges Ansinnen, die oft überbordende Phantasie als einem «Eckstein der Narren» (Paracelsus) gehörig zu schleifen, um den Bedingungen des planenden Verstandes zu genügen: «Sie war der einzige Mensch, mit dem ich ganz offen sprach, weil sie der einzige war, der mich nicht mit Ratschlägen und Vorhaltungen über mein Leben langweilte.»

Erstaunlich nur, daß Constant trotz seiner geradezu krankhaften Abneigung gegen alles Gängeln diese Verbindung 1797 löste, als Madame de Staël ihre entnervenden Besitzansprüche an ihn stellte. Eine in seinem Sinne so menschliche Beziehung zwischen älterer Frau und jüngerem Mann, die ihn vergessen ließ, daß er sich bei jeder reumütigen Rückkehr ins väterliche Haus wie «ein verlorener Sohn» vorkommen mußte. Die Überwindung dieser Angst vor dem kontrollierenden Vater gelang aber nur, weil besonders Madame de Charrière ihn im Geiste Kants darin bestärkt hatte, ohne Anleitung eines anderen den eigenen und geschulten Verstand zu gebrauchen.

Eine bizarre Beziehung

Am Vorabend der Revolution in Frankreich wurde Benjamin Constant 1788 an den «langweiligen Hof» des Herzogs von Braunschweig abgeschoben. Er lernte dabei den «teutschen» Landesfürsten kennen, der vier Jahre später das Oberkommando jener Invasionsarmee führen sollte, welche dann alle freiheitlichen Errungenschaften der Revolution zerschlug. Unter recht eigenartigen Umständen mit der neun Jahre älteren Wilhelmine von Cramm verheiratet, fristete Constant in Braunschweig ein tristes Dasein im «Bannkreis der Monotonie». Auf seiner ständigen Flucht in «tiefe Schweigsamkeit» bestätigte sich eine oft beklagte Schüchternheit, die er für angeboren hielt. Doch mit der ätzenden Kritik an allen Hofleuten, denen er als Kammerjunker begegnete, gestaltete er sich zu einem Zyniker mit goldbesticktem Überrock, einem Degen und 1330 Franken Dienstgeld im ganzen Jahr. Das war kein Zuckerbrot des herzoglichen Hofes, dem jede französische Eleganz abging. Diese Summe bestätigte eher fürstliche Verachtung für einen Intellektuellen, der sich mit dem Polytheismus beschäftigte und in Gedanken ausklinkte, um die Seitenhiebe der Herzogsclique abzuwehren.

Bei allem Flatterhaften, das Constant eigen sein konnte, betrachtete er sich aber doch auch als ein loyaler Begleiter und anhänglicher Freund. Diese Eigenschaft bewies er jedenfalls all die langweilenden Jahre hindurch dem Vater gegenüber, der schon wegen Kleinigkeiten Prozesse anzettelte und damit das Familienvermögen zerrüttete. Es glückte ihm sogar, in den Gerechtigkeitswahn Juste Constants eine gewisse

Beruhigung zu bringen und einen Vergleich zu stiften. So wurde der Vater in den Rang eines Generals der Niederlande erhoben und durfte eine entsprechende Pension beziehen: Für ein adliges Landleben im französischen Jura der Schweiz allerdings höchstens ein willkommenes Zubrot.

Schreckten ihn Krankheiten, Prozeßnöte oder Geldsorgen des Vaters aus dem täglichen Trott in Braunschweig und zwangen ihn, aktiv zu werden, so lähmte ihn auf der anderen Seite die Ehefrau Wihelmine mit ihrer schlechten Laune aus purem Überdruß: «Sie ist nicht imstande, sich zu beschäftigen und hat auch kein Verlangen danach: Eine Schar von Hunden, Katzen, Vögeln, Freunden und ein Liebhaber – das ist ihre Gesellschaft.»

Seine Klage von 1793 in einem Brief an Madame de Charrière, die er einmal im Jahr in Colombier besuchte, beschreibt zwar den Zustand in vielen zeitgenössischen Vernunftehen. Aber er ist kritisch genug, die Schuld für sein Leid nicht allein dem Hofleben und einer «häßlichen» Frau anzulasten. Schließlich weiß er, daß sein ganzes Gemüt dazu neigt, sich der Melancholie zu ergeben und von einer Stunde zur anderen in Trübsinn, Weltschmerz oder Verzweiflung zu fallen. Er gibt zu, daß Wilhelmine « 1000 gute Eigenschaften hat, aber meine tiefe Entmutigung hat sie mir entfremdet; immer wenn ich voll Vertrauen und Wärme zu ihr komme, ist sie entweder kalt oder uninteressiert, und da ich mich nicht in Erklärungen einlassen kann, die über meine Kräfte gehen, schweige ich und entferne mich».

Braunschweig war für Constant eine Hölle. Er konnte all die Schikanen, Demütigungen und Wirrspiele nur dadurch ertragen, daß er seine Autorschaft vorbereitete und zu publizieren begann. Neben seiner privaten Misere mit der «häßlichen Wilhelmine» komplizierte auch die politische Lage seinen Aufenthalt, verstärkten sich doch die Widerstände gegen eine konstitutionelle Entwicklung der Monarchie in Frankreich nach englischem Vorbild. Unter diesen

Benjamin Constant, um 1787

sich jährlich verschärfenden Umständen verwundert es nicht, daß sich Constant aus dem Machtmief dieses Hofes zu lösen beginnt, zumal er 1793 Charlotte von Hardenberg kennenlernt: Wie er unglücklich verheiratet und bereit, sich für eine Ehe mit ihm scheiden zu lassen.

Aber statt mit dieser sinnlichen Frau von 23 Jahren eine dauerhafte Bindung einzugehen, genießt er nur kurz ihre Leidenschaft und «Liebe», um sich dann zu verleugnen. Sein fieberhaftes Bestreben, ja nicht mehr in demütigende Abhängigkeiten zu geraten, ließ es wohl nicht zu, sich erneut in eine «Atmosphäre der Mittelmäßigkeit» zu begeben. Obgleich er sich dieser jungen Frau sicher sein konnte, zieht er es vor, in Lausanne seine Vorstellungen von Unabhängigkeit zu kultivieren.

Dem Clan der einflußreichen, aber recht eigenwilligen Constants mehr zur Last als zur Familienehre beweist er in seiner «melancholischen» Art, wie unfähig er ist, Selbstsucht in Selbstzucht zu verwandeln. Ja, seine Gier nach uneingeschränkter Tätigkeit fördert weniger das Bedürfnis nach innerer Ruhe als vielmehr hektische Rastlosigkeit. Sie steigerte sich noch, als er 1794 die Scheidung von Wilhelmine betrieb, Charlotte einfach vergaß, bei Madame de Charrière Ermunterungen fand und schließlich auf Germaine de Staël traf.

Diese Begegnung in der Nähe von Lausanne stellte für ihn alles in den Schatten, was er beim bisherigen Erkunden des «weiblichen Gemütes» als Raserei empfunden hatte. Die Mischung aus Gefühlen und Geist sowie die Aussicht, vielen materiellen Nöten zu entgehen und gleichzeitig in die Nähe der hohen Politik zu gelangen, überwältigte ihn. Statt aber einen vernünftigen Augenblick lang innezuhalten oder sich erst zu vergewissern, was er sich mit Madame de Staël zumutete, stürzte er sich in ein Abenteuer, das er bald bitter bereuen sollte, ohne bis 1809 darauf verzichten zu können.

Germaine schreibt gut einen Monat nach dem ersten Zusammentreffen mit Constant, daß er sich vor Leidenschaft nach ihr «verzehrt und mich mit seinem Kummer erdrückt, was ihn um seinen einzigen Reiz bringt – einen sehr überlegenen Geist». Adolf Graf Ribbing, Sproß eines der ältesten Adelsgeschlechter Schwedens und Feind des Tyrannen Gustav III., wird aufgemerkt haben. Er kannte ihre zeitweilige Vernarrtheit in den Aristokratismus des Geistes als Ausdruck des Genialischen. Für diesen höchsten Daseinswert war sie in bestimmten Situationen so empfänglich, daß sie alle anderen Nachteile zu verdrängen suchte: Ein brillanter Kopf war ihr oft wichtiger als ein «göttliches Gesicht», wenn es nur intellektuelle Hohlheit verbarg.

Ribbing wußte, welche Ansprüche sie stellte und daß sie jeden Mann neben dem Vater Necker an Rousseau maß oder doch eine Großtat erwartete, um in ihren glutvollen Augen Gnade und Gunst zu finden. Die Aura der freiheitlichen «Königsmörder», die Gustav III. während eines Maskenballs 1792 als Despoten beseitigen ließen, konnte *sie* täuschen, ihn nicht. Mochte Madame de Staël sogar bereit sein, sich von ihrem Ehemann scheiden zu lassen, um ihn, Ribbing, als statuserhöhenden Grafen bald heiraten zu können, so zeigte er zunehmend Distanz. Es war ihm keineswegs entgangen, daß sie nicht nur Dummköpfe verachtete, sondern auch das, was sie einmal «schnöde Wollust» genannt hatte: Trotz einiger Kinder von verschiedenen Männern war ihr das Körperliche an der Liebe nicht sonderlich genehm oder so erregend, um außer sich zu geraten.

Genau diesen Zustand der Ekstase befürchtete sie aber bei Constant. Er wollte in ihr die Erfüllung seines Lebens sehen und drohte bei der geringsten Mißachtung seiner «Liebe» mit der sofortigen Selbsttötung. Ribbing darf über den liebestollen Constant erfahren, was er schon von anderen Liebschaften der Necker-Tochter gehört hatte: «Sollte Ihnen zu Ohren kommen, daß dieser M(onsieur) Constant, Junker seiner

Hoheit des Herzogs von Braunschweig, siebenundzwanzig Jahre alt, so rot wie das Haus Hannover selbst ... sich umgebracht hat, glauben Sie nur nicht, daß das meine Schuld ist.»

Hatte sie wirklich Constants massive Drohung ernstgenommen? Auch nicht erkennen können, daß ihr ein hochgradig Kranker begegnet war, der sein «zerrissenes Vagabundenleben» haßte und das Grundübel seiner Erziehung verdammte, nämlich «jedes Gefühl zu verhöhnen und nur Intellekt und Ruhm gelten zu lassen»? Sprach er bei ihr von seinem Kummer, dann hätte sie doch heraushören müssen, daß ein fast Gleichaltriger nichts anderes tat, als seiner ruinierten Anlage gemäß Hilferufe zu formulieren. Immer wieder entblößt er dabei sein zerbrochenes Innere und schreit verzweifelt in die Welt: «Ich bin meiner eigenen Spottlust müde, ich habe es satt, mein Herz mit einer freudlosen Atmosphäre von Gleichgültigkeit zu umgeben, die mich der innigsten Empfindungen beraubt ...»

Darf ein solcher Mensch «reif für Madame de Staël» genannt werden, der es im Grunde nicht besser ging? Was Constant in einem Brief an die Madame de Nassau im Mai 1794 beklagte, findet sich in anderen Wendungen bei der Necker-Tochter. Sie jammert vor Ribbing, wie «qualvoll das Zusammensein mit M(onsieur) de Narbonne ist», den sie nicht mehr liebt. Im gleichen Atemzug gibt sie sich nach außen überlegen und verständnisvoll, kann sogar einsehen, daß «ich Ihnen gegenüber vielleicht ungerecht gewesen bin». Fast reumütig sucht sie die Krise mit Ribbing zu bewältigen und gesteht ein: «Ich fühlte mich des Ruhms, einen Mann wie Sie zu binden, nicht würdig ...»

Dieses Maß an Bescheidenheit hinderte sie jedoch nicht, um die weitere Zuneigung des Grafen zu kämpfen und sich von Fall zu Fall einzureden, andere Männer zeitweilig fesseln zu können, darunter auch den «unglücklichen Benjamin Constant». Erwartete Ribbing von ihr einen «Triumph der Sinne» und damit auch das Körperliche ihrer brennenden

Liebe, so empfand sie dieses Ansinnen und wohl auch die Bettgeschichte selbst als «verhängnisvoll». Denn sie sah sich in diesem Fall beinahe genötigt, mehr von sich selbst herzugeben, als ihr wirklich lieb war, hatte sie doch in erster Linie stets nur «Spaß daran, zu gefallen».

Eher zierlich von Gestalt und den vollen Busen meist so geschnürt, daß er jedem Mann ins lüsterne Auge fallen mußte, spielte sie einen Lockvogel, der selten halten wollte, was er versprach. Ein Pärchen werden, das für eine Weile alle Aufmerksamkeit erregte, lag ihr eher im Sinn als die Aussicht, sich «paaren» zu müssen, um am Ende noch ein uneheliches Kind zu versorgen.

Manch einer der verlogenen Galants, die wie Paradiesvögel herausgeputzt auch den illustren Kreis um Germaine de Staël belebten, dachte denn auch beim Anblick eines flüggen Mädchens oder einer reifen Frau nur an die Lästerungen des Monsieur de Bressac. Der Marquis de Sade gab in seinem Frauen-Roman «Justine» (1787) einem Lüstling diesen Namen, einem Menschenbild, das sich seit Plutarch kaum geändert hatte. Es sei denn in der Neigung vieler «Aufklärer», die Verehrung alles Mütterlichen (besonders durch die Kirche) als Tabu brutal zu brechen. De Bressac geifert denn auch: «Hat sie an mich gedacht, diese Mutter, als sie die Geilheit trieb, jenen Fötus zu empfangen, aus dem ich hervorgegangen bin? Schulde ich ihr etwa Dank, weil sie sich ein vergnügtes Stündchen bereitet hat? Zudem formt nicht das Blut der Mutter das Kind, sondern einzig und allein dasjenige des Vaters: Der Leib des Weibchens trägt nur die Frucht, bewahrt und entwickelt sie, bringt aber (selbst) nichts hinzu.»

Ganz im Sinne dieser Auffassung der hippokratischen Temperamentlehre und Medizin, die erst 1827 etwas von der Existenz weiblicher Eierstöcke erfahren sollte, machte Germaine de Staël aus dem Vater ein durch die Natur selbst überlegen gestaltetes Wesen – gleichsam einen «Göttersohn» (Herder), den keine Frau je erreichen konnte, schon gar nicht die eigene Mutter.

Bedenkt man diese Voraussetzungen und Blockaden in einer Zeit, deren führende und «aufgeklärte» Köpfe kaum daran dachten, die «Philosophie des erniedrigten Gefäßes» aufzugeben und etwa die Frau als gleichwertigen Menschen und Partner zu betrachten, dann wird manch eine Reaktion Madame de Staëls erklärbar: Selbst ihr vergeblicher Kampf um die «abgöttische Liebe» zu Narbonne.

Im Versuch, als Mutter seiner Kinder wenigstens so viel Anerkennung zu finden, daß sie die Selbstachtung als Mensch wahren kann, wird sie von ihm abgeschmettert. Ganz im Sinne des Lüstlings de Bressac soll er sie die «verächtlichste aller Huren» genannt haben. Dafür bekam Narbonne eine gehörige Antwort, in der sich Wirklichkeit und Wahn bizarr ergänzen: «Sie haben vielleicht recht, denn Sie wären gar zu abscheulich, wenn ich nicht das verworfenste Weib wäre, und M(onsieur) de Narbonne ist nie abscheulich gewesen. Anscheinend habe ich geträumt, was ich Ihnen zu bedeuten glaubte, und wahr sind nur meine Briefe ...»

Fühlte sich Constant anhänglich bis zur Demütigung, so rühmte sich seine neue «Freundin» der Beständigkeit ihres Herzens. Als Grundbedingung für diese Qualität des Einzelmenschen betrachtete sie die Fähigkeit, sich inständig erinnern zu können und sei es nur an «fünf Minuten Trunkenheit». Das konnte eine Ekstase der Seele sein, aber auch die Sehnsucht nach «dem berühmten Blondhaar des Grafen von Ribbing», in das sie greifen durfte, falls sie die Lust auf eine Liebesnacht überkam und der «neuen Sklaverei» erliegen wollte. Obgleich Germaine de Staël das Körperliche in der Liebe nicht sonderlich schätzte und lieber Herzensergüsse zu Papier brachte, gibt es bei ihr Zeichen von Hörigkeit, sobald sie auf Gegenliebe stößt und das Gefühl von «Hingabe» ohne Ängste auskosten darf. Diese Höhepunkte in ihrem Leben setzten jedoch eine gewisse Gleichwertigkeit des Gegenübers voraus und steigerten sich, sollte sie gar Überlegenheit spüren. Auffallend dabei ist ihr Vermögen, solche Glücksmomente als Geschenk zu würdigen und dankbar zu sein. Eine Tugend, die ohne Vertrauen nicht gedeihen kann und ohne Anerkennung des Anderen sich in Langeweile auflösen müßte, ja in einen Ekel an sich selbst. Solche Züge glaubte sie an Narbonne feststellen zu können, und sie übertrug ihre Beobachtung auf das Volk, dem sie sonst als Genferin und «Schwedin» so gerne angehören wollte: «Ein Franzose, das französische Blut, widerstrebt der Dankbarkeit; Dankbarkeit bedeutet Erinnerung, und Sie haben keine.»

Eine härtere Absage an seine «Charakterlosigkeit» hat Narbonne zeitlebens nicht erfahren. Als er 1813 auf deutschem Boden im Krieg fiel, soll sich in Madame de Staël nichts geregt haben. Ihr «liebendes Herz» war in diesem Fall erkaltet. Wohl auch deshalb, weil sich der Frauenheld und Kriegsminister ihrem Ehrgeiz entzogen hatte, ihn als Werkzeug in der hohen Politik zu mißbrauchen. Mochte die große Gesellschaft zeitweise glauben, daß er und Germaine de Staël ein Liebespaar seien, so unternahm er alles, sich dagegen zu wehren, den eigenen und freien Willen zu verlieren – von ihr völlig vereinnahmt.

Louis de Narbonne hätte ohne größere Mühe eine Gegenrechnung aufmachen können. Aber ihrer dauernden Bevormundungen müde ertrug er alle Vorwürfe und Haßtiraden, reagierte auch gelegentlich wie ein gereizter Geck und schien erleichtert, als neben dem «unglücklichen Grafen von Ribbing» noch Benjamin Constant in ihr Leben trat: Ein schlaksiger und schüchterner Rotschopf, der als Nomade eine Heimkehr ersehnte und in das Herz eines Wirbelsturms geraten sollte. Was immer auch Constant nach seinen kleinen und mittleren Katastrophen von Madame de Staël erwartet haben mag und von ihr enttäuscht worden ist, ihr erster Eindruck gegenüber Ribbing war zutreffend: «Ich habe ihm lediglich Lobendes über sein Werk mit dem Titel

L'Esprit des réligions gesagt, das wirklich die Begabung eines Montesquieu verrät, und er, völlig vergessend, daß seine Gestalt... ein unüberwindliches Hindernis darstellt, ist ganz toll geworden...»

Nimmt man den ersten Teil ihrer Einschätzung ernst, dann wird verständlich, warum sich trotz körperlicher Abneigungen vom Herbst 1794 an eine Zusammenarbeit gestaltet, die zu jener Zeit ihresgleichen sucht. Denn sie nutzte die Vernarrtheit des neuen Mitarbeiters, indem sie seine Belesenheit und Erfahrung unmittelbar in Anspruch nahm. Constant lediglich in «schlichter Freundschaft» zugetan, wie sie Monsieur de Staël versicherte, half ihr, die politische Schrift *Réflexions sur la Paix* abzufassen und 1795 in Druck gehen zu lassen.

Es ist zu Recht betont worden, daß Germaine de Staël neben allen Beziehungskrisen und Liebesaffären mit diesem Bekenntnis zum Frieden die politische Bühne Frankreichs betreten hat – nach drei Jahren Abstinenz. Ihr Friedensgesuch war an William Pitt und England gerichtet. Gleichzeitig empfahl sie darin den Franzosen, nach dem verheerenden Terrorregime der Jakobiner endlich dem ausgelaugten Land den inneren und äußeren Frieden zu sichern. Ihr und Constants Wunsch sollte sich am 5. April 1795 in Basel erfüllen, als auch unter der Mithilfe ihres Ehemannes de Staël (Schwedens Botschafter) die Republik Frankreich mit Hohenzollern-Preußen zu einem Ausgleich und völkerrechtlicher Anerkennung gelangte – von Kants Hoffnung auf einen «Ewigen Frieden» begleitet. Im Inneren nahm die neue Verfassung vom 22. August 1795 zwar einige Errungenschaften von 1789 zurück. Aber die angestrebte Ordnung der steuerzahlenden Besitzbürger unter dem eingerichteten «Rat der Fünfhundert» hatte sich zum Ziel gesetzt, eine Diktatur wie unter Maximilien de Robespierre nicht mehr entstehen zu lassen oder ertragen zu wollen. Allerdings gestattete der Artikel 102 dieser Konstitution der Ersten Kammer (Conseil des Anciens) das verfassungsmäßige Recht, den Tagungsort der Gesetzgebung ändern zu können: Ein eigenartiges Zugeständnis, das Bonaparte 1799 brutal nutzen sollte, um seinen Staatsstreich vom 18. Brumaire abzusichern.

Daran dachten Germaine de Staël und in ihrem Gefolge Benjamin Constant sicher nicht, als sie sich im Mai 1795 nach Paris begaben. Sie fuhren durch ein ermattetes Land, eine publizistische und politische Zukunft im Sinn, begleitet von einer Ermahnung Jacques Neckers. Eingedenk der turbulenten Jahre vor und während der Revolution bis zum «Großen Terror» sorgte er sich um seine Seelenruhe und redete der Tochter ins Gewissen: «Mäßige Deinen Ehrgeiz, bis Du in einem Lande lebst, wo Du sagen und schreiben kannst, was Du willst. Erlaube mir, M(onsieur) Constant hier zu bitten, daß er Dich nicht ansporne und Dich immer wieder ermahne, vorsichtig zu sein und abzuwarten...»

Der besorgte alte Herr und einsam gewordene Witwer dachte in erster Linie an mögliche politische Verwicklungen, denen Germaine als selbsternannte Friedensstifterin zwischen Republikanern und Royalisten ausgesetzt werden könnte. Constant hingegen, der sich wie umgewandelt fühlte und hoffnungsfroh in die Zukunft schaute, wird wohl bei den letzten Worten der väterlichen Mahnung aufgemerkt haben. Denn seinem Enthusiasmus zum Trotz, in Germaine «ein höheres Wesen» zu sehen, «wie es nur einmal in einem Jahrhundert vorkommt», blieb sie ihm gegenüber reserviert und darauf bedacht, außer Freundschaft nichts für ihn zu empfinden.

Sie verdoppelte ihre Vorsicht gar, nachdem Constant versucht hatte, mit einer Überdosis Opium einen Selbstmord vorzutäuschen. Bei dieser nächtlichen Gelegenheit war es ihm im Kerzenschein vor Freunden und erschrockener Dienerschaft in Coppet gelungen, Germaines hilfreich ausgestreckten Arm mit Küssen zu bedecken – wie von Sinnen und im Kampf mit der schwarzen Galle. Sie soll sich davor

Madame de Staël, die vielfach porträtierte

geekelt und den Arm mit Kölnisch Wasser gereinigt haben, von einem «unüberwindlichen physischen Widerwillen» gepackt, den ihr dieser Mann angeblich einflößte.

Von Herzensbrechern wie Narbonne oder Galants wie Ribbing verwöhnt, wehrte sie sich beharrlich gegen jede Annäherung Constants. Er mußte sich auch in Paris eine eigene Wohnung suchen, war aber in ihrem Salon sehr willkommen. Belesen wie kaum ein zweiter Intellektueller dieser Zeit verstand er es allmählich, mit seiner Brillanz mehr als nur Glanz zu verbreiten. Er schaffte es, Germaine de Staël nicht nur an das Opium zu gewöhnen, sondern auch mehr und mehr ihr intellektuelles Interesse auf ihn zu richten. In diesem Bann entstand eine publizistische Partnerschaft als geistiges Gespann, das nicht im üblichen Ehejoch ermüdete, sondern mit jeder politischen Herausforderung an Reiz gewann. Gewiß, der fast tägliche Umgang mit ihr löste zwar nicht sein drängendes Problem, dem sexuellen Notstand zu entkommen, wie sehr er sich das von ihr gewünscht hatte. Aber auf längere Sicht bot sich die Möglichkeit, ihre geistige Abhängigkeit von ihm auch in dieser Hinsicht zu nutzen: Er brauchte nur auf eine passende Gelegenheit zu warten.

Es ist immer noch nicht geklärt, wann Germaine de Staël ihren physischen Ekel überwunden hat, um mit Constant ins Bett zu gehen. Aber eines ist sicher, daß seine Angabe vom 19. August 1804 nicht stimmen kann: «Ich bin jetzt seit zehn Jahren Minettes Liebhaber...» Er hat sich in persönlichen Zeitangaben oft geirrt und auch hier den Herzenswunsch zum Vater des Gedankens werden lassen. Tatsache ist, daß er seit der ersten Begegnung mit Madame de Staël einem Trugschluß aufsaß. Er bildete sich nämlich ein, daß ihre geistigen Gemeinsamkeiten und politischen Aktionen über die Seelenverwandtschaft hinaus noch mit einer körperlichen Liebesbeziehung ergänzt werden müßten. Von diesem rasenden Gedanken getrieben, steigerte sich Constant anfangs in eine «Hörigkeit» Germaine gegenüber, die damit bereits selbst bei Narbonne schlimme Erfahrungen gemacht hatte. Er ging in seiner Begeisterung sogar so weit, sie als ein überirdisches Wesen zu verehren, das «mir das ganze Universum ersetzen... für mich eine eigene Welt sein könnte».

Diese Einschätzung gegenüber Madame de Charrière ließ mit dem Konjunktiv nur eine winzige Hintertür offen. Man gewinnt dabei den Eindruck, als wollte er irgendwann den kritischen Blick auf die «Partnerin» zurückgewinnen, um sich von einer Fessel zu befreien, die ihm bis 1804 so lästig geworden war, daß er gestand: «Diese Bindung ist fatal!»

Schattenwürfe

Ein Nachtmensch wie Talleyrand, der 1794 erst nach England und dann in die USA ausweichen mußte, war Madame de Staël nur bedingt. Aber sie wußte mehr über gewisse Nachtseiten des Gemüts als andere Zeitgenossen, die häufig Fehleinschätzungen erlagen, sobald sie von äußeren Verhältnissen auf ein inneres Verhalten schlossen. So konnte es eines Tages die schöne und sozial eingestellte Marquise de Pastoret nicht lassen, ihr ein seltsames Angebot zu machen. Diese glühende Royalistin, die in Paris 1802 den ersten Kinderhort für berufstätige Mütter eingerichtet hatte, wäre gerne ihre Herzensfreundin geworden, hätte die Genferin nicht ein so «bewegtes und glanzvolles Leben» geführt. Liebe als Gegengabe für ein bestimmtes Maß an Bescheidenheit und abseits konspirativer Salons? Man könnte genügend Belege anhäufen, um Madame de Staëls Dasein zwischen Paris, Genf und London auf gesellschaftlichen Glanz zu polieren. Aber gleichzeitig könnte auch gezeigt werden, wie sie «zwei Drittel» ihres Lebens «auf einem einsamen Schloß verbringt» und sich gezwungen sieht, «alleine zu leben» – zumindest zeitweise und höchstens den schwermütigen Constant in Reichweite.

Sie hätte in ihrer Einsamkeit ohne Einschränkung über ihn verfügen können. Und doch wäre es in der Anfangszeit kaum gelungen, aus der Zweisamkeit das zu gestalten, was ihr schon Talleyrand verweigert hatte – anhaltende Gegenliebe. Obgleich Constant dazu bereit war, soweit man seinen Auskünften glauben darf, überwogen die Hindernisse. Die äußere Gestalt des hochgewachsenen Rotschopfes spielte in

Germaines Augen mit Sicherheit eine Rolle, wollte sie doch nicht zum Gespött werden. Daneben aber hielt sie ein geheimes «Leiden» zusätzlich zurück: Sie meinte den «langen Schatten der Melancholie», der sie wie auch Constant unterschiedlich beherrschte – in Gestalt einer anregenden wie lähmenden Form der intervenierenden «Galle» (bile).

Er selbst hat über die «unerhörte Mischung aus Lust und Schmerz» oft geklagt und wußte, daß er ein besonderes Opfer des Schwarzflusses sein mußte. Diesem Sekret der Galle ausgeliefert, fand er immer wieder eine Zuordnung und Erklärung für sein abschottendes Benehmen, das urplötzlich in ein wildes, «sittenloses» Verhalten ausarten konnte – bis zur Heimsuchung eines Bordells.

Glaubt man seinen späteren Analysen, dann bedeutet der Gang zu den Freudenmädchen nicht eine körperliche Neigung zum Anspruchslosen und billiger Käuflichkeit: Sie war für ihn Ausdruck einer «traurigen Zuflucht».

Diese Besuche, die er nach eigenen Angaben geschickt zu tarnen wußte, galten demnach der «tiefen und reinen Freundschaft zu einer unglücklichen Person». Er meinte damit Madame de Staël, die er auf sexuelle Weise nicht glücklich machen konnte und durfte. Constant erkennt in seinem eigenartigen Verhalten «eine aus Zartgefühl und Ergebenheit bestehende Gesinnung, deren sehr wenige Männer fähig sind». Er will damit zum Ausdruck bringen, daß die körperliche Verweigerung Biondettas oder Minettes, wie er sie abwechselnd mit Kosenamen nannte, ein Zeichen der Prüfung ist und ihn nicht veranlassen kann, ihr deshalb die Freundschaft aufzukündigen und sie gar zu verlassen – wegen einer anderen willigeren Frau.

Er schämt sich zwar, wehrt sich aber gegen jeden Vorwurf des geilen sexuellen Auslebens: «Je öfter ich solche Frauen aufsuche, desto aktiver meine physischen und geistigen Kräfte – meine Niedergeschlagenheit, meine Schwermut, meine Leiden hingegen werden weniger spürbar.»

Versetzten ihn geistige Höhenflüge mit Germaine in zeitweiligen «Rausch» oder das Opium in Ekstase, so empfand er hier eine Entlastung jenes inneren Überdrucks, den er kaum kontrollieren konnte. Tatsächlich war Constant nach Maßgabe der zeitgenössischen Medizin ein besonderer Gefangener der Melancholie mit ihren verschiedenen Stadien des Trübsinns, der Ermattung und oft des Ekels am eigenen Dasein. In solchen Lagen fühlt er sich dem Wahnsinn nahe, spricht von einer «Nervenkrise» und zieht sich zurück wie in ein Schneckenhaus. Mürrisch, verschlossen und extrem reizbar aktiviert er in sich all die geistigen Kräfte, die seine «Trägheit» überwinden sollen und sich nach den Wahnzuständen als gleichsam geläuterte Ideen präsentieren.

Schon früh läßt sich erkennen, daß seinen Geistesblitzen eine Art Gedankendonner vorausgeht – verursacht durch die Folter der «Seelenpest». So nannte einst Petrarca den quälenden Gemütszustand, in dem Körper, Geist und Seele häufig getrennte Wege gehen und in Sackgassen enden. Melancholiker dieser Art, wie sie schon seit Aristoteles bekannt sind, verstanden es zeitweilig, ihre Krankheit zu verbergen. Sie spielten nach außen Gleichmut vor, während es in ihrem Inneren brodelte und der «Schwarzfluß» hochkochte: Auch Benjamin Constant verstand sich auf diese Kunst, die Madame de Staël fast zur Verzweiflung trieb.

Dabei kannte sie sein inneres Geheimnis, vermochte es aber nicht, die Überfälle der Schwermut und die geistige Überfülle des Freundes mit eigenen Befindlichkeiten abzustimmen. Er wiederum gefiel sich in der Erklärung, Madame de Staëls wirbelnde Lebensart und Verzweiflungsorgien auf ihre Erziehung als «verwöhntes Kind» zu schieben. Ja, es bereitet ihm sogar eine gewisse Lust, Vorwürfe wegen seines Desinteresses an gewichtigen Leuten wie politischen Vorgängen zu genießen und alle Nachtseiten zu kultivieren. Vom Faszinosum des eigenen Lebensgeheimnisses geradezu überwältigt, gibt er der Nachwelt preis, was er im Alltag nicht

Charles-Maurice de Talleyrand, um 1800

dem «Besitz von geordneten Begriffen» anheimgeben wollte: «Niemand weiß, daß ich mich in keiner natürlichen Lage befinde, daß meine Fesselung an Biondetta mir ganz und gar das Gefühl raubt, frei über mein Leben verfügen zu können, und daß ich, von ihr beherrscht, nur ein Schatten bin, der mit anderen Schatten spricht, jedoch nicht mehr die Fähigkeit besitze, Pläne für die Zukunft zu machen.»

Dieses Bekenntnis stammt zwar vom 21. August 1804 und reflektiert einen zehn Jahre langen Leidensweg. Aber es bestätigt Constants Anlage als innerlich «reicher Jüngling», der sich auf jeder Lebensebene neu entfaltet und nur nach dem Auftrag leben möchte «Sei du dein Eigen».

Oft hatte Germaine de Staël ihm sein «geringes Gefühlsvermögen» vorgehalten, ohne recht zu bedenken, daß er seinem Gefängnis gar nicht entfliehen konnte, selbst wenn er es mit glühendem Herzen gewollt hätte. Ansätze dazu gab es ja genug in den ersten Phasen seiner «Liebe» zu ihr. Aber er entkam dem Ansturm der «schwarzen Galle» nicht und sah sich fast täglich genötigt, auch als Skorpion-Geborener diesem inneren Fluch zu entsprechen. Was ihm an Gestaltung des eigenen Wesens blieb, konzentrierte sich auf die drei klassischen Fertigkeiten der *Vorstellungskraft,* dann auf das *Denkvermögen* sowie auf das Gedächtnis als abgehobene *Erinnerungsleistung.* In dieser Konzentration auf den von Germaine so bewunderten «brillanten Geist» muß die Hauptursache dafür gesucht werden, daß Constant extrem schüchtern und verschlossen blieb, so sehr ihn auch die Sehnsucht nach dem «anderen Geschlecht» quälte. Gierte er in Ruhepausen nach Geistigkeit und pflegte schubweise seine Autorschaft, so trieb ihn eine «saturnische» Anlage in die Resignation: «Gestern war ich in einem Zustand absurder Melancholie. Ungewißheit, ganz gleich über was, treibt mich in eine Nervenkrise, die mit Niedergeschlagenheit und Traurigkeit endet, und gestern zögerte ich lange, um ein angemessenes Arrangement für eine kleine Mätresse zu finden...»

Ein lockender Gedanke, der nicht lange Bestand hatte und erneut deutlich werden läßt, daß es Constant selten vergönnt war, der Nachtseite seiner krankhaften Schwermut zu entkommen. Denn nach Auffassung der Gelehrten und Mediziner konnte die Melancholie auch besondere Lichtseiten verursachen, sobald die Galle sanftere Säfte zum Hirn schickte und ein «liebendes Herz» das gesamte Gemüt durchströmte. Wirkte diese Kombination auf einen empfänglichen Menschen ein, dann wandelte sich die Trägheit in Wirbelkraft, der Trübsinn in tätige Heiterkeit und lähmende Trauer über den eigenen Verlust an Lebensmut in lautere Hoffnung auf eine lichte Zukunft. Kurz: Ein Dasein im Banne des sanften Spleens oder der «douce mélancolie».

Im Vertrauen auf die heilende Kraft dieser Art des Melancholischen hatte Madame de Staël zwischen 1793 und 1796 an einem Werk gearbeitet, das Vernunft und Gefühl nicht gnadenlos gegeneinander ausspielen wollte. Sie suchte vielmehr in ihrer berühmten Schrift «De l'influence des passions sur le bonheur des individus et des nations» (Über den Einfluß der Leidenschaften auf das Glück von Individuen und Nationen) eine gegenseitige Steigerung beider Fähigkeiten. Letztlich, wie es Wilhelm von Humboldt in seiner Rezension formulierte: Ein «durch jede Erfahrung, durch jede Leidenschaft selbst bereichertes Ich». Das Erleben des «dunklen Schmerzes» aus «schwarzer Galle» blieb aber auch ihr nicht erspart, das heißt ein Pessimismus über die Möglichkeit eines ausgeglichenen Lebens. Zumindest sollte der Zustand täglichen und oft nächtlichen Leidens trotz seines suggestiven Sogs bis hin zu Selbsttötungsgedanken nicht unkontrolliert wuchern. Überzeugt davon, daß es kaum möglich sei, die Leidenschaften mit Hilfe der Vernunft zu steuern, gibt es ihrer Meinung nach doch vernünftige Anleitungen, sie in einem längeren Prozeß zu mildern und positiv zu beeinflussen. Dafür ist aber eine harte Selbstbeobachtung nötig, sollen Empfindsamkeit und Moral (pensées sensibles ou morales) helfen, vor allem «melancholische Krankheiten auf ein Minimum zu reduzieren» (A. Amend).

Erstaunlich an dieser Position erscheint die Forderung, trotz gelegentlich erfolgreichem Ausgleichen von Kräften und Säften die «Unabhängigkeit der Seele» zu betonen. Germaine braucht wohl diese an Rousseau erinnernde Einstellung, um über das Körperliche hinaus die Leidensfähigkeit der Seele zu ehren. In dieser Eigenschaft erkennt sie etwas Besonderes, das nur wenigen Menschen gegeben ist und als Zeichen der Vorsehung gedeutet wird – im Sinne einer Auserwählung jenseits des Ständewesens. Der Hang zur «Nobilitierung der Melancholie», als sei diese das kostbare Gefäß eines genialischen Lebens, überträgt sich als Hang zu Veredelungen und höchsten Ansprüchen auch auf andere Bereiche. Ihrem späteren Ehemann, dem «grünen Gecken» Rocca, schrieb sie 1813: «Sie wissen doch, daß ich aristokratische Vorstellungen habe und daß nur Schönheit, Wert, Jugend oder Rang diese Art Vorstellungen gefangennehmen können.»

Was sie hier als Lockmittel einer neuen «Liebe» einsetzt, wirkt ziemlich geschönt. Denn 1792 bereits erklärt sie während der Leidenschaft für Narbonne, in welchen Befangenheiten sie steckt: «Doch wissen Sie noch nicht, welch unglücklichen Charakter ich von der Natur bekommen habe? Es gibt keine Möglichkeit des Unglücks, die ich nicht ausgeschöpft hätte... Alle Trugbilder, welche die Vorstellungskraft [imagination] dem Herzen anbieten kann, umgeben mich und ich fühle für den Erhalt meines Lebens die Notwendigkeit, daß Sie mir erlauben werden, Sie niemals zu verlassen, Ihnen ganz nahe zu sein – jede Minute.»

Die nach außen gespielte Herzenslust an der «Liebe» wie am Leben zwischen Poesie und Politik, Salons und Soiréen war demnach nur die Sonnenseite, Teil des von anderen geneideten Glanzes. Den Aufschwüngen unter dem Einfluß der positiv gerichteten «braunen Galle» stand der «meinem

Leben eingeborene harte Schmerz» gegenüber, den der Schwarzfluß bewirkt haben soll. Bei dieser zeitgemäßen Erklärung des depressiven Gemüts ging es Madame de Staël nicht um ein literarisch-philosophisches Aufputzen ihrer inneren Befindlichkeit. Es ist in solchen Zeiten der Niedergeschlagenheit von «Blutauswurf» (crachement de sang) die Rede. Ob im körperlichen oder metaphorischen Sinn ist nicht immer mit Sicherheit auszumachen, aber der Hinweis allein macht deutlich, unter welchen Spannungen diese Frau gestanden haben muß. Im gleichen Brief an Narbonne bekennt sie in ihrer Art, die zwischen Dramatisierungen des Banalen und Ehrlichkeit schwanken konnte: «Ich habe Erschütterungen des Wahnsinns [folie] oder Nervenschmerzen so durchdringend empfunden, daß mir das Leben unerträglich ist.»

Liebe als Ausdruck von überquellenden Herzensergüssen und Sehnsucht nach dem Edlen erscheint demnach wie die Flucht aus einer demütigenden Realität. Sprach ihr Vater in dieser Zeit des Exzesses, den Gerechtigkeitsfanatiker wie Saint-Just in der zweiten Phase der Revolution inszenierten, von einer «langen und gefährlichen Krankheit der Galle», so traf dieses Revolutionsbild auch auf jene zu, die sich permanent im Aufstand gegen sich selbst befanden. Kein Wunder auch, daß Germaine de Staël unter den Belastungen der gegenläufigen Melancholie nach jedem Halt greift, selbst wenn er Außenstehenden absurd erscheint. In heutiger Sicht würde man von einer stark schizoiden Prägung sprechen und ihre oft manische Verlustangst mit dem möglichen Schock in Verbindung bringen, den sie als Kind zu verwinden hatte: Die schnelle Abreise der Eltern von Paris nach Genf, während sie in ihrem kindlichen Bindungsdrang allein gelassen wurde. Wie verheerend ein solches Verhalten sein kann, ist der modernen Psychiatrie längst bekannt. Auch ohne die Vorstellung, daß das innere Gleichgewicht der «Säfte» erheblich gestört sei, wäre ein Teil ihrer Reaktionsweisen erklärbar – aus der frühkindlichen Grundbeschädigung eines Urvertrauens in elterliche Geborgenheit. Darin trifft sie sich mit Constant, dem der vorzeitige Tod seiner Mutter die seelische Balance genommen hat. Allein dieser Schattenwurf macht verständlich, wie sehr ihn das nach außen Sprühende und Vitale bei Germaine de Staël anzieht, ohne recht zu wissen, was hinter der Maske des Mütterlichen und abseits des Scheins im Salon wie ein wildes Tier lauern konnte.

Germaines «Freundschaft» zu Constant wirkt in den Anfangsphasen, als suchte sie nur einen Schatten, der sie geistig erquickt und alle intellektuellen Sinne labt. Ihre Furcht vor dem Körperlichen wächst also nicht allein aus der Abwehr des häßlichen Aussehens. Sie kommt auch von der Angst, ihren gesellschaftlichen Status verlassen zu müssen und gleichsam zum «Paria» zu werden, sollte die Öffentlichkeit erkennen, daß sie und Constant ein richtiges «Paar» bildeten. Und um jeden anderen Verdacht auszuräumen, Constant könnte allen Liebesbeteuerungen und Treueschwüren zum Trotz doch ihr geheimer Beischläfer sein, schlägt sie noch einen schmerzenden Pflock gegen den *weißen Teufel* ein: «Seine Frau hatte als Scheidungsgrund seinen erbärmlichen Gesundheitszustand angegeben. Es scheint, er ist über die Zeit der Liebe hinaus, zumindest über jene, die man erweckt... Es ist beschlossen, daß ich alleine lebe...»

Läßt man das Moment des Kokettierens beiseite, das stets in derartigen Auslassungen bei ihr mitschwingt, dann schoß hier ein Anteil Schwarzfluß (noire mélancolie) in ihr hoch, das Sekret des Abschottens und Fernhaltens. Wirkte es bei Constant über längere Phasen hinweg, so bekämpfte sie es, um gleich dem «wahren Empfinden des Menschen» ganz nahe zu sein – im Auskosten «süßen Leichtsinns» (douce mélancolie). So wie ihr Zeitgenosse Ludwig Tieck zugleich «ein Scheinender und auch wieder ein Dunkler» ist, durchdringt bei ihr das Heitere die Härten einer überfallartigen Trauer. Zur Zeit der ersten Freundschaft mit Constant reichte es, ein äußeres Zeichen des Alterns zu entdecken, um in wahnhaften Trübsinn zu fallen. Ihre Vorstellung, mit dem Nähern der Dreißigjahrgrenze in ein neues Lebensalter zu treten, das die Jugend hinter sich lassen muß, wird in der Hektik sichtbar, mit der sie von einer Herzensfalle in die andere tappt und sich der Kunst des «süßen Schmerzes» hingibt.

Graf Ribbing, François de Pange und der Marquis de Mun, ein naher Verwandter des Philosophen Helvétius, bekamen diese Ambivalenz zu spüren. Dieser junge, charmante und wißbegierige Royalist schmeichelte ihr, nannte sie gar «seine schöne Göttin» und wurde von ihr gelockt, um sogleich die Härte der Realität zu erfahren: «Mein Mann fährt übermorgen zur Kur nach Aix; zumindest hat er mich nicht lange gelangweilt. Er steckt bis über die Ohren in Schulden, was für mich recht arg ist, und wenn ich Sie nicht heirate, so nicht deswegen, weil ich ihn liebe; aber auch nicht, weil ich Sie nicht liebe, sondern weil ich für Sie keine gute Partie bin.»

Das schrieb sie am 12. September 1796 und brachte neun Monate später am 8. Juni 1797 die Tochter Albertine auf die Welt. Dieser Umstand allein läßt berechtigte Zweifel an der gern geäußerten Idee aufkommen, Benjamin Constant könnte der leibliche Vater dieser so wohlgeratenen Tochter der Madame de Staël sein. Es sei denn, sie hätte ihm in Überwindung ihres körperlichen Ekels die Gunst gewährt – zur Feier des zweijährigen Zusammenseins am 18. September. Letzte Sicherheit läßt in diesem Fall noch auf sich warten. Erstaunlich nur, daß Constant in den bisher bekannt gewordenen Quellen nicht auf der Vaterschaft besteht und einen Rest «Geheimnis» flirren läßt. Ähnlich Talleyrand, der nach seiner von Madame de Staël betriebenen Rückkehr aus Amerika mit der sonst so sittsamen Madame Delacroix das Malgenie gleichen Namens gezeugt haben soll.

An Überraschungen dieser Art war die Zeit der schnellen Umbrüche, des hektisch Heiteren und frivolen Genusses nicht arm. Aber selbst die Überspannten der feinen Gesellschaft des vibrierenden Paris fanden es «bizarr», wie Benjamin Constant die Loyalität zur verheirateten und schwangeren Germaine de Staël pflegte: Während er sich um eine politische Karriere bemühte und gar Anstalten traf, das bisherige Nomadendasein zu beenden und seßhaft zu werden. Des Rätsels Lösung liegt wohl in einem seltsamen Dokument, dessen Grundidee die werdende Mutter dem verliebten Adrien de Mun erläuterte. Zwischen Vater Necker und Constant von ihrem Ehemann allein gelassen und dem lodernden Herzen ausgesetzt, klärt sie den jüngeren Verehrer auf: «Es ist eine schreckliche Prüfung für alle Gefühle, sich immer Auge in Auge zu sehen: man braucht Gesellschaft, um geistvoll zu sein, Gesellschaft, um sich zu lieben, Gesellschaft für alles, außer für sich ganz allein; das ist nicht so dumm, wie man meinen könnte: sobald man zu zweit ist, muß man viel mehr sein...»

Sie führt hier nicht näher aus, was damit gemeint sein könnte. Aber sie deutet an, daß ein richtiges Paar nur aus dem Bewußtsein anhaltender Gegenseitigkeit leben und lieben kann. Jede andere Form des Zusammenseins muß demnach scheitern, solange nicht Geisteskräfte und Körpersäfte sich in ein stimulierendes Gleichgewicht bringen lassen: Ein Paar zu sein heißt, das gemeinsame Gefäß des Gefühls zu bewahren und sich in allen Anfechtungen zu bewähren.

Diese Einforderung der tragfähigen Dauer steht freilich gegen die bisher so glorifizierte Erlebnisfähigkeit des Augenblicks. Fast ermattet gibt Germaine in ihrem Brief an den Monsieur de Mun zu, daß «ihr selbst das jüngste Glück sehr schnell zur Gewohnheit wird». Ihre oft übertriebene Hektik will demnach nichts anderes als den sofortigen Genuß jener «Droge», die «man Liebe nennt» und doch nichts anderes ist als das Streben nach Selbstgewißheit. Sie möchte damit sagen, daß ihre Sucht nach dem «Wahren» (Seele) und dem «Schönen» (Körper) durch eine geheime Kraft ständig genährt werden muß – durch die Erneuerung des «Guten»

Clemens Fürst von Metternich

(Geist) in sich selbst. Gelingt dieses Kunststück nicht zu voller Zufriedenheit, dann greifen die Schatten der schwarzen Melancholie nach ihrem ganzen Gemüt und sie gesteht fast kleinlaut ein: «Ich bin zum Glücklichsein wenig begabt.»

Erst diese Relativierung und das Eingeständnis des Mangels als Ausdruck des Melancholischen machen verständlich, was sich Germaine de Staël und Benjamin Constant wahrscheinlich im April 1797 versprechen. Jeder von ihnen ist auf besondere Weise beschädigt, neigt zur Selbststilisierung in einem «inneren Exil» und bedarf doch der Außenwirkung: Bei ihr als Mittelpunkt eines illustren Kreises und bei ihm als Endpunkt eines genialen Gedankens. Die sanfte und schneidend harte Melancholie fanden in dieser Zeit zusammen. Beide «vermählten» sich gar und Constant legte schriftlich fest: «Wir versprechen, uns gegenseitig unser Leben zu widmen. Wir erklären, daß wir uns als unlöslich verbunden betrachten, daß unser Schicksal in jeder Hinsicht für immer ein gemeinsames ist, daß wir nie irgendeine andere Bindung eingehen werden...»

Ob er sich bei dieser Fesselung bewußt war, daß die süße und bittere Melancholie sich nur selten ausgleichen konnten? Im Überschwang der Gefühle vergaß er die Nachtseiten und schwärmte vom «größten Glück meines Lebens». Dämpfte Germaine de Staël mit diesem Diktat ihre alte Angst, nach einem zerbrochenen Glück wieder schmählich verlassen zu werden, so redete sich Constant ein, in der «Geliebten» die lange ersehnte Ersatzmutter und Geistesgöttin gefunden zu haben, deren Vater auch noch bei Geldgeschäften aushelfen konnte. Der Bruch mit Madame de Charrière noch im gleichen Jahr (1797) schien nur eine logische Konsequenz zu sein. Denn der absolutistische Besitzanspruch der Necker-Tochter duldete keine «Rivalin» dieser Art, sondern erwartete die vollständige Unterwerfung und das Bekenntnis des ausgelieferten Constant: «Ich kenne nichts auf Erden, was so liebenswert ist wie Madame de Staël...»

Germaine de Staël

Wem dieses Ritual der scheinbaren Gegenseitigkeit fremd vorkommt, der erinnere sich an ein ähnliches Verfahren, das der erwähnte Metternich einige Jahre später Wilhelmine von Sagan abgenötigt hat. Statt die schweren seelischen Störungen dieser ungemein schönen und äußerlich so begehrenswerten Frau aus Kurland zu respektieren, treibt ihn die Besitzgier und Eitelkeit, jeden Rivalen auszuschalten. Mit großem Behagen soll er ihre schriftliche Zusage gelesen haben: «Ja, mon ami, meine Devise sei Hingabe und völliges Vertrauen in den besten aller Männer – und ich weiß schon jetzt, daß ich auf diesem Wege Glück und Seelenfrieden finden werde... Meine Seele war so oft zerrissen, wenn ich Dich unglücklich machte. Nun werde ich ernstlich an meiner physischen und moralischen Gesundung arbeiten. Ich werde meine Seele und meinen Körper zur Ruhe bringen und mit der Gewißheit des Glücks ein neues Leben beginnen...»

Abgesehen von der fast frivolen Tatsache, daß Metternich mit dieser Unterwerfung nur für ein halbes Jahr ihr einziger Beischläfer sein wollte, um mit dieser «Auszeichnung» auf dem Wiener Kongreß (1814) glänzen zu können, so hat sich auch Constant eingebildet, mit seiner Auslieferung an Madame de Staël das vollkommene Glück zu erwerben. Aber nannte ihn Germaine nicht schon zu dieser Zeit den «weißen Teufel» als Opfer des Schwarzflusses? Bemerkte er nicht, daß er nur ein Mittel zum Zweck sein durfte: Tätig als Lektor ihrer Literatur, dann als Füllhorn gegen langweilende Leere und endlich als geistiges Glanzlicht, das sie mehr schmücken sollte als die erregende Fülle ihres Busens?

Sieben Jahre später bekennt er in einer ähnlichen Situation und mit dem Eingeständnis, daß ihn andere «für verrückt erklären», sobald er ihnen sein inneres Empfinden offenbart: «Ich will zwei unvereinbare Dinge miteinander in Einklang bringen, das Glück Minettes, die einen Mann braucht, der ihr vollkommen zu Gebote steht, und Glück auch für mich, den doch jeder Zwang unglücklich macht, mein physisches Verlangen nach Frauen und eine enge Beziehung zu einer Frau, die in dieser Hinsicht nicht ist, was ich mir wünsche. Ich wälze in meinem Kopf die bizarrsten Kombinationen, darunter jedoch keine, die sich ausführen läßt.»

Er steht nach Jahren des Überschwangs und der Qual genau wieder dort, wo er mit Germaine de Staël ein Zusammenleben begonnen hat. Über dessen Wert täuschte er sich auch deshalb, weil die Schattenwürfe der leichten und schweren Melancholie in der Regel auseinanderstrebten: Jauchzte in ihr eine «neue Liebe» himmelhoch, fühlte er sich zu Tode betrübt, und blitzte in ihm auch nur der Gedanke auf, seine «Unabhängigkeit» zu betreiben, dann konnte er ein Donnerwetter ohnegleichen erleben – die Rückkehr in alte Fesseln. Dennoch hat dieses Gespann, das kein Paar werden konnte, von 1797 an publizistische und politische Dinge bewegt, die in einem gewissen Sinne persönliche Hochleistungen bedeuteten und die Erste Republik Frankreichs in ihren Grundfesten erschütterten – ja beide als Putschisten agieren ließen.

Spiele mit dem Feuer

Die Vorstellung, daß «jeder Leidende gemeingefährlich ist», hat nicht nur den Rumänen Cioran in Paris zu seltsamen Einschätzungen des Menschen verführt – ob als politischer Akteur oder historisches Subjekt. Gewiß, der Hungerleider wird sich irgendwann empören, sofern er Kraft genug hat, die matte Stimme zu erheben oder die Faust zu recken. Aber meist geht das Gemeingefährliche eher von den Übersättigten aus: Sobald sie sich auf den Tod langweilen, ihr ereignisloses Dasein versickern sehen und sich einreden, sie müßten sich wie der Grieche Herostratos mit Gewalt ins Gedächtnis der Geschichte brennen, auf daß ihr Name nicht vergessen wird.

Von dieser Sorte Zündler und Brandstifter wimmelte es im Paris des oft in der Historie übergangenen, aber folgenreichen Jahres 1797. Da gab es Royalisten mit Sehnsüchten nach dem Ancien Régime und Republikaner verschiedener Couleur, die sich nur im Haß auf die alte Monarchie einig waren. Aber alle fristeten ihr Dasein unter einer schwachen Regierung («Direktorium»), in der Paul de Barras eine Hauptrolle spielte. Ein «König der Korrupten» und aristokratischer Revolutionsgewinnler, über den in Diplomatenkreisen das schlimme Wort kursierte: «Er würde die Republik unverzüglich zum Fenster hinauswerfen, unterhielte sie nicht seine Hunde, seine Pferde, seine Mätressen, seine Tafel und sein Spiel.»

Damals mochte keiner unter den verunsicherten Franzosen etwas auf das Urteil eines Ausländers geben. Aber er konnte sich bei Benjamin Constant über den Zustand der

Ersten Republik nach dem Großen Terror erkundigen, der sich trotzig zum Franzosentum bekannte: «Ich bin kein Ausländer.» Gleich eingangs seiner engagierten Schrift «Des réactions politiques» aus diesem Jahr pochte er auf den Status als «Franzose» und «Citoyen», um jeder Gegenkritik wegen seiner Schweizer Herkunft erschöpfend zu begegnen. Bei dieser Demonstration eines der Revolution ergebenen Selbstbewußtseins, das er auch in geläuterter Form dem Marquis de Mun wie Madame de Staël vermitteln konnte, blieb es aber nicht: Denn Constant wollte die Grundübel der verwahrlosten Politik unter Barras erörtern und Heilmittel anbieten.

Das Erstaunliche an seinem Rezept zur Gesundung des zerrütteten Gemeinwesens kommt aus dem Befund der eigenen Seelen-Krankheit, die gleichsam als harmonisierende Tugend empfohlen wird: «Empfindsame Menschen vermögen nicht grausam zu wüten. Das eigene Leid wirkt mäßigend auf ihren Zorn. Aus der Erinnerung an das, was man geliebt hat, erwächst ein Gefühl der Melancholie, das alles Erleben überschattet.» Ganz im Gegensatz zu Cioran und anderen Anhängern der Leidens-Theorie als Verführung zu Grausamkeiten und blutigem Terror empfiehlt er den dämpfenden Druck der sanften Galle sowie die Ruhe aus dem vernunftbezogenen Geist der Gerechtigkeit. Am Bemühen um eine konsequente Anwendung der Verkehrs- und Verteil-Gerechtigkeit mangelt es den Direktoren oder «Führern» der Republik, die zur Selbstbedienung am Steueraufkommen und Gemeinvermögen neigen – jedem einzelnen Bürger zu unerträglichem Schaden. Mit seherischem Blick hämmert er seinen Lesern und Zuhörern denn auch ein: «Wenn an die Stelle der Gerechtigkeit eine Volksbewegung tritt, so übernehmen die Extremisten, die Bedenkenlosesten, die wildesten Draufgänger die Führung. Von Blutdurst angetriebene Männer machen sich zu Wortführern der Empörung, die sich gegen den Blutdurst richtet, und nachdem sie unter Nichtachtung der Gesetze gegen einzelne Menschen vorgegangen sind, wenden sie ihre Waffen gegen diese Gesetze selbst.»

Constant kennt die klassische Umpolung jener Kräfte, die im Namen von Verfassung und Republik deren Vertragswesen aushöhlen, indem sie mit einer Gesetzesflut den bestehenden Rechtsstaat unterspülen. Am Ende dann verwerfen sie die fundamentale Idee der Gewaltenteilung als angeblich nicht praktizierbar. Dabei haben sie nur den wiederholten Nachweis erbracht, daß nicht eine gerechte Politik den Charakter verdirbt, sondern das «Rauschmittel der Schmeichelei» und der unkontrollierte Zugriff auf privates wie öffentliches Vermögen.

Germaine de Staël nannte seine gnadenlose Abrechnung der verdeckten Bereicherung in den Reihen des Direktoriums «das bedeutendste Werk, das in unserer Sprache erschienen ist». Tatsächlich handelt es sich um eine gedankenscharfe Analyse im Geist der universell geltenden Menschenrechte. Sie schreiben jedem freiheitlich gesinnten Staatsmann vor, daß Politik in ihrem vertraglichen Wesen ein Verfassungsvollzug zu sein hat und nicht ein Spielball täglich geänderter Interessen. Die Verpflichtungen einer verantwortungsbewußten Regierung stehen demnach «in der Verfassung, die immer die gleiche ist, und nicht im flüchtigen Beifall wandelbarer Meinungen».

Diese und andere Positionen sollte man heute einer demokratischen Regierung und manch einem rechtsvergessenen Parlament ins republikanische Stammbuch schreiben. Die «liberale Gesinnung der Aufklärung», wie sie Constant in dieser Schrift einfordert, unterliegt aber Gefährdungen, die mit dem schwammigen Begriff «Zeitgeist» nur bedingt zu erfassen sind. Schließlich geht es bei ihr um einen bestimmten «Ewigkeitswert», der eine zeitlose (kommutative) Geltung beansprucht, und dazu müssen Regierende wie Regierte erzogen werden: Kein Zeitgenosse im Jahre 1797 war durch

Geburt Republikaner, Verfassungspatriot oder Royalist – jeder von ihnen formte seine Gesinnung durch Erziehung und Erfahrung. Deshalb ermahnt Constant auch so ernsthaft die Schriftsteller, sich mit konstruktiver Kritik an der Gesundung des republikanischen Gemeinwesens zu beteiligen. Er ruft ihnen als Wächtern des Wortes sowie der Öffentlichen Meinung ein Zitat zu, wobei er die Mächtigen in ihrem Verhältnis zu den Intellektuellen vor Augen hat: «Ihr werdet uns von jedem ungesetzlichen Vorgehen schützen und wir euch vor verhängnisvollen Irrtümern bewahren.»

Bei der «Erfüllung dieses Vertrags» ist es seiner Ansicht nach aber nötig, daß «beide Parteien gleichermaßen gewissenhaft und zuverlässig sein müssen». Gelingt es nicht, diese fundamentale Gegenseitigkeit auf allen Ebenen des öffentlichen Lebens kritisch und damit kontrolliert einzuüben, dann wird die Furie des Eigennutzes in alle Institutionen dringen. Am Ende wäre nicht das reziproke Vertrauen die unabdingbare Grundlage der Republik, sondern ein ständiges Mißtrauen würde die Gemüter beherrschen. Wer könnte dann noch davor sicher sein, daß nicht der «militärische Absolutismus» die Staatskrise nutzt und die Macht an sich reißt? Bemerkenswert ist hier nicht allein, wie Constant den bisherigen Begriff des «Despotismus» mit dem neuen Ausdruck «Absolutismus» ersetzt. Er argumentiert darüber hinaus auf klassische Weise in der Art des Cicero und dessen Aufforderung an Caesar, den «Verlust der Freiheit» abzuwenden.

Ganz im Banne dieser Analyse und Schlußfolgerungen verhielt sich auch Germaine de Staël. Ihr Vater Jacques Necker, mit dem sie in einem regen Gedankenaustausch stand, meinte zu dieser Annäherung und Bildung eines ‹politischen Paares›: «Die beiden sind auf eine wunderbare Weise mit Ideen und republikanischen Hoffnungen vollgepackt.» Gleichzeitig merkt er kritisch an, daß sie dem «Direktorium» zu viele Ungerechtigkeiten durchgehen lassen; ein Zustand, dem er gar nicht zustimmen könne.

Das war Anfang 1796. Ein gutes Jahr später jedoch hatten sich die Einstellungen der beiden verschärft. Germaine ist sich schon Wochen vor ihrer Niederkunft mit Albertine sicher, «weder der Liebling der Republikaner noch des Direktoriums» zu sein. Ihr Sensorium für das Ungerechte wächst mit der Angst, daß «die Gegenrevolution die Zeitungen und die Pressefreiheit vernichtet».

Diese und andere Befürchtungen teilt sie dem Grafen Rœderer mit, der sich mit dem Journal de Paris und dem Journal d'Économie politique et morale einen gediegenen Namen als Publizist gemacht hat. Auch vor ihm beklagt sie die wachsenden Vorurteile bei schwindender Aufklärung, ohne die es doch ihrer Meinung nach keine Revolution gegeben hätte. Rœderer, der als Deputierter des Dritten Standes (!) 1789 die Gerechtigkeitsbewegung in den Generalständen stützte und allmählich eine «Liebe zur Republik» entwickelt hatte, durfte auch noch lesen, was die befreundete Necker-Tochter für die Zukunft fürchtete: «Nicht eine gemäßigte Monarchie sieht man auf die Republik folgen, sondern eine Monarchie, die despotischer ist als die von 1788, weil es in der Masse des Dritten Standes gegen sie keine Opposition mehr gibt.»

Es ist der offenkundige Mangel an moralischer Integrität, der ihr wie Constant dort zu schaffen macht, wo jedes öffentliche Amt und Mandat vom persönlichen Träger erwartet, das zu sein, was Danton und selbst Robespierre stets gefordert haben – ein Treuhänder oder «dépositaire du pouvoir».

Was beiden in ihrer eigenen Beziehung erheblich zu schaffen macht, nämlich Freundschaft und «Liebe» zu einem erträglichen Ausgleich zu bringen, erwarten sie im Gemeinwesen von Leuten, die den Großen Terror überlebt haben und sich in frivole Liebesgenüsse wie freche Machtlaunen stürzen. An zynischen Auswüchsen herrschte in dieser Zeit kein Mangel. So wenig wie an der Lust jüngerer Männer, sich die Haare zu «Hundeohren» wachsen zu lassen und als Galants die Seidenmode der freizügigen Frauen zu schätzen – mit

Wilhelmine von Sagan

Schleiern, die mehr versprachen als verhüllten. Gewiß, Germaine de Staël lebte zu dieser Zeit auf dem Gut Hérivaux, das Constant aus dem nationalisierten Kirchenvermögen mit Hilfe von Jacques Necker gekauft hatte, und bekam nicht unmittelbar mit, wie sich die Mode in Paris änderte. Aber den Wandel der öffentlichen «Sitten» registrierte sie um so aufmerksamer, als auch ihre Zukunft davon abhängen konnte. Schon verwies sie einen Züricher Stadt-Republikaner, der Kontakte zu Goethe unterhielt und von dem sie ein Urteil über den «Wilhelm Meister» hören wollte, auf die wachsende Rolle der drei Armeen unter Hoche, Moreau (Rhein-Armee) und General Bonaparte, der seine Soldaten in Italien von Sieg zu Sieg führte: «Ohne die Armeen gäbe es keine Hoffnung mehr für die Republik.»

Sie kann sich in ihrem Brief vom 22. April 1797 schon ein Szenarium vorstellen, in dem es zu einer Konspiration oder Verschwörung des «Direktoriums» kommen müßte, um eine monarchistische Gegenrevolution zu unterbinden. Ihr Pessimismus unterminierte den auf die Verfassung gerichteten «Patriotismus» und bereitete sie auf das Schlimmste vor: «Die Republik verbannt mich; die Gegenrevolution hängt mich; ich brauche einen Mittelweg, der in Frankreich jedoch immer nur so kurze Zeit gangbar ist, daß er kaum noch als Übergang von einem Exzeß zum anderen dient.»

Germaine de Staël wußte, wovon sie sprach. Denn sie hatte im Zwang des ihr eigenen Helfersyndroms nicht wenigen Menschen die Hand gereicht, um sie während des Großen Terrors vor Verhaftung zu schützen oder gar der Guillotine zu entreißen. Ein geschickt organisiertes System machte das Schloß Coppet in der Schweiz zeitweise zu einer Fluchtzentrale und Heimstätte für politisch Verfolgte. Sollte jetzt wieder eine unkontrollierbare Terrorwoge Frankreich in eine Lage stürzen, daß es nach einem «Retter» schreien mußte – in höchster Not einen General brauchte, um sich autoritär züchtigen zu lassen? Noch war es nicht soweit. Doch auf den

Straßen von Paris soll der Ruf laut geworden sein: «Die Republik gehört in die Hände eines geschickten Lenkers.»

Wer dachte dabei an Bonaparte für die «Ordnung» im Inneren? Und wer konnte sich vorstellen, in Talleyrand einen Zuchtmeister für das heruntergekommene Außenministerium zu sehen? Im ersten Fall kam Germaine de Staël noch nicht der spätere Napoleon in den Sinn. Aber für ihren einstigen Geliebten und immer noch geschätzten Freund Talleyrand war sie bereit, eine kleine «Verschwörung» zu inszenieren, damit Frankreich nach außen Ruhe bekam.

Talleyrand hatte auf seine Weise den Bourbonen vor der Revolution gedient, dann als Bischof von Autun (Burgund) dafür gesorgt, daß mit der «Zivilverfassung» von 1790 die katholische Kirche enteignet wurde. 1794 verfolgt, wich er nach England und Amerika aus, wo er mit Grundstücken spekulierte und damit nicht gerade seinen angeschlagenen Ruf verbesserte. Er galt als «machtsüchtig» und «skrupellos». Einschätzungen, die auch der Direktor Jean-François Reubell bemühte, als er vom korrupten Paul de Barras hörte, Talleyrand bekundete nach seiner Rückkehr aus dem amerikanischen Exil «Interesse» am Außenministerium der Ersten Republik: «Sofern Sie Redlichkeit und Fähigkeit wollen, denken Sie nicht an Talleyrand. Er ist die verkörperte Schurkerei und Nichtsnutzigkeit.»

Selbst wohlwollende Biographen haben Mühe, diesem Urteil zu widersprechen, sofern sie strenge Maßstäbe anlegen. Was aber veranlaßte Germaine de Staël im Verbund mit dem ethisch so empfindlichen Constant, alle Register ihres Einflusses zu ziehen, um dem «Vaterlandsverräter» Talleyrand das machtvolle Außenamt zu sichern? Genügte es ihr, daß er aus Hamburg nach Coppet schrieb, wie sehr «das Gedeihen der Republik» sein «innigster Wunsch» war, auch wenn damit sein Eigennutz verbunden sein mußte? Oder reichte es, von ihm die süßen Worte zu hören: «Ich liebe Sie von ganzem Herzen»? Mochte Talleyrand moralisch nicht sonderlich integer sein, so hoffte sie aber, daß er ihr Werkzeug sein könnte, in der ganz hohen Politik mitzuspielen: Wie einst Narbonne, der ein Gehilfe des «Magiers» war und nur den Fehler beging, sie zweimal zu schwängern, um wenigstens zeitweise etwas Ruhe zu bekommen.

Was immer gegen die Geschwätzigkeit und Wichtigtuerei Germaine de Staëls angeführt werden kann, um sie als unzeitgemäßes Frauenzimmer abzuwerten, so steht eines fest: Sie besaß Mut zum Leicht-Sinn und hatte Sinn für die Schwer-Mut. Gelang ihr der Einklang beider Kräfte, dann konnte sie aus kleinen Ursachen große Dinge bewirken – leider ohne Geschick, auf Dauer deren Nutznießer zu werden. Talleyrand und Constant sind für diese Seite in Madame de Staëls Lebensführung ein glänzender Beleg. Auf ihr Anraten hin brachten es beide sogar fertig, sich dem eitlen Barras vor die Füße zu werfen, um dem Heimkehrer das Außenministerium zu verschaffen. Doch dieser Erfolg der vor Ehrgeiz brennenden Necker-Tochter wurde von ihr schlecht genutzt, weil sie Talleyrand falsch einschätzte. Sie merkte gar nicht, daß er seine Gönnerin als Mittel zum Zweck behandelte – die Freundin wie eine Feindin auffassen konnte, falls sie im Wege stand.

Es sollte bis zum 18. Fructidor oder 4. September 1797 dauern, ehe sie zu ahnen begann, welches Spiel Talleyrand mit ihr und auch Constant getrieben hatte. Sie glaubte wohl bis zum Abschluß dieses Putsches gegen Extrem-Gruppen, daß die Macht des Eros selbst im Politischen Berge versetzt, wenn nur ein «liebend Herz» genügend Zündstoff lieferte, um alle Gemüter für eine angeblich «gerechte Sache» in Feuer und Flamme zu versetzen. Darüber hat Talleyrand nur milde gelächelt. Denn er war davon überzeugt, daß in diesem Spiel auf höchster Ebene der Republik nur der Eros der Macht alle Geister in die gewünschte Richtung lenkte und vor allem ihn selbst. Als ihm Constant, der politisierende Laufbursche Germaine de Staëls, am 17. Juli 1797 die

Nachricht von der Wahl zum Außenminister ins Theater brachte, soll er sich gleich aufgemacht haben, um Paul de Barras zu danken. Während der Fahrt zu dem scheinbar Allmächtigen entrang sich seinem zynischen Mund ein blasphemisches Wort: «Die Stellung ist erreicht. Daraus muß ein ungeheueres Vermögen gemacht werden, ein ungeheueres Vermögen, ein ungeheueres Vermögen, ein ungeheueres Vermögen...»

Für einen ehemaligen Bischof war das wahrhaftig kein Zeichen christlicher Demut oder republikanischer Treuhandschaft über Eigentum und Steuerleistung der Bürger. Vielmehr wurde ein System sichtbar, die Tat nicht beim bloßen Zugriff zu belassen. Dieser brachte ihm innerhalb von nur zwei Jahren als Außenminister mehrere Millionen Pfund ein. Damit bewegte er sich in einer Größenordnung, die auch später sein Gegenspieler Metternich in der Habsburg-Diktatur erreichen sollte oder auch Bismarck in der Hohenzollern-Diktatur. Trotzdem war das unverhältnismäßig hohe Vermögen auf Kosten des Gemeinwohls nicht Talleyrands wichtigstes Ziel. Vielmehr kam es ihm darauf an, die erreichte Stellung zu festigen, und dafür ging er über Leichen: Freundschaft und Liebe, gar Dankbarkeit für Madame de Staël und den bedeutenden Zuarbeiter Constant kannte er in diesem Falle nicht.

Er verstand es, das entfachte Feuer gegen das zerstrittene «Direktorium» unter Kontrolle zu halten, während seine ehemalige Geliebte vor Tatendrang brannte und wie geblendet in eine gefährliche Sackgasse geriet. Sie und Constant merkten nicht einmal, wie er sie im Vorgriff auf die Zukunft von der wirklichen Macht drängte, als der *Fructidor-Putsch* gelungen war. Schon zeigten sich die Siege Bonapartes in Italien wie das Morgenrot einer neuen Zeit. Die Armee als innere Ordnungsmacht war überall im Gespräch, zumal die Zerrüttung der republikanischen Gesinnung und rechtlichen Gesittung keinem Beobachter verborgen bleiben konnte.

Aktivitäten der Royalisten drängten auf Unterbindung, die das «Direktorium» auch veranlaßte: Einige Wortführer dieser Königsanhänger wurden nach Cayenne deportiert – dorthin, wo der Pfeffer wächst.

Talleyrand stimmte dieser innenpolitischen Maßnahme zu und verstand es sogar, «Madame de Staël und Benjamin Constant für eine Säuberung unter den Jakobinern einzunehmen» (J. Orieux). In der brutalen Praxis dieses Machtschachers bedeutete das nichts anderes als die Verhaftung und Deportation aller unliebsamen Jakobiner und Republikaner, deren der General Augereau in ganz Paris habhaft werden konnte.

Germaine de Staël wie Benjamin Constant waren eindeutig Mitwisser dieser putschistischen Aktion und billigten sie aus einer Gegnerschaft, deren Wirkungen sie nicht schnell genug bedenken wollten. Erst, als sich unter den Verhafteten auch einige Freunde Germaine's fanden, regte sich ihr Widerstand. In Erinnerung an die scheußlichen «September-Massaker» von 1792 mit dem anschließenden Großen Terror trumpfte sie am Tag nach dem Fructidor-Putsch auf, beschuldigte Talleyrand des Vertrauensbruchs und donnerte: «Dies muß Bonaparte zustatten kommen. Ich will, daß er sofort zum Direktor ernannt wird. Ich will, daß er dort einzieht, mit Barras, den ich behalte, Sieyès, Talleyrand, Constant und er: Die Republik wird hervorragend verwaltet werden.»

Eine geradezu hybrid anmutende Rechnung, die ohne den Wirt aufgesetzt worden war. Denn Talleyrand ließ sich ungern eine Politik diktieren, die er nur indirekt kontrollieren konnte, schon gar nicht von der Necker-Tochter, auf die er einen fast magischen Einfluß ausübte. Kühl bis ans Herz stellte er zu ihren Forderungen und zum Herbeireden Bonapartes fest: «Madame de Staël hat den 18. Fructidor gemacht, aber nicht den neunzehnten.» Damit wollte er ihr auch sagen, daß sie zwar anregen könne, was in der hohen

General Bonaparte, 1796

Politik zu unterbleiben habe, gleichsam als ethisches Korrektiv. Aber es sei ihr nicht erlaubt, Anordnungen zu treffen, was im Rahmen der Verfassung geschehen solle.

Germaine de Staël verfügte so wenig wie Constant über ein öffentliches Mandat, das ihnen gestattet hätte, aktiv in die aktuelle Politik einzugreifen. Undenkbar wäre ihr Einfluß freilich ohne die Leistungen, die der Vater dem verarmten Frankreich erbracht hatte, sowohl in geistiger als auch finanzieller Hinsicht. Germaine und Constant glaubten jedoch, als Teil der Öffentlichen Meinung (opinion publique) eine Vierte Gewalt zu verfechten, die über das gedruckte Wort hinaus zu Werke gehen durfte, um die Errungenschaften der Aufklärung zu retten. Deshalb wandte sie sich auch umgehend an Bonaparte in Italien und machte ihm Avancen, die weder Talleyrand noch Constant gefallen wollten: «In manchen Nächten verwirren seine Siege seltsam meinen Schlaf. Zwischen uns beiden wird Sympathie bestehen, dessen bin ich sicher.»

Sie sollte sich wie so oft in Herzensdingen und Liebessachen gehörig täuschen. Denn bei all ihren persönlichen Talenten und Reizen neigte sie zum Überschwang der Gefühle. Dabei verzerrte sie ihre Möglichkeiten und traf Fehlentscheidungen, die nicht selten zu einem Fiasko führten: So auch am Abend des 3. Januar 1798.

Talleyrand hatte in seine Residenz, das Hôtel de Galliffet, geladen und gab dort zu Ehren von Madame Bonaparte ein rauschendes Fest. Joséphine, die Barras dem späteren «Caesar» überlassen hatte, soll nach Angaben von Augenzeugen wie eine Fürstin aufgetreten sein – mit Würde und jenem Bann des Besonderen, über den die verwahrlosten Jakobiner längst nicht mehr verfügten. Den meisten Anwesenden wurde auch im Charisma Bonapartes bewußt, der den Bescheidenen spielte, daß sich mit diesem Auftreten ein neuer Horizont zeigte und eine große Hoffnung, der Nation ein grandioses Zeitalter zu eröffnen. Nur Germaine de Staël schien nicht zu begreifen, daß sie bei Talleyrand bereits ausgespielt hatte, ohne Bonaparte gewonnen zu haben. Von ihrem Ich-Wahn getrieben und der Selbstüberschätzung ausgeliefert, lief das Fest der fünfhundert Gäste an ihr vorbei und zerstörte den Traum, «daß sie und Bonaparte das gefeiertste Paar des Jahrhunderts bilden würden» (J. Orieux).

Statt mittels Talleyrand auf den Höhepunkt ihres bisherigen Lebens zu gelangen, fühlte sie sich an den Rand dieser illustren Abendgesellschaft gedrängt. Als angeheiratete Baronesse und Tochter eines reichen Emporkömmlings genoß sie weniger Reputation, als ihr lieb sein konnte. Dennoch bemühte sie sich geradezu aufdringlich, General Bonaparte vorgestellt zu werden, um dabei eine böse Überraschung nach der anderen zu erleben. Im Schmeicheln geübt und im Vertrauen auf ihre Unwiderstehlichkeit als Frau sah sie sich schließlich dem Sieger von Italien Auge in Auge gegenüber. Aber statt seine Ehe mit Joséphine zu respektieren, fragte sie – überwältigt von Eigenliebe – den «Sohn der Revolution»: «General, welche Frau lieben Sie am meisten?»

Konnte sie wirklich erwarten, daß Bonaparte alle Verpflichtungen vergaß und sich den Faux-pas erlauben würde, Madame de Staël zu seiner Auserwählten zu erheben? Kurz und bündig, wie es der militärischen Befehlssprache genehm war, antwortete er: «Die meine.»

Allein diese Reaktion hätte ihr signalisieren müssen, daß sie sich in Thema und Ton erheblich vergriffen hatte. Aber sie ließ sich nicht beirren und wollte von ihm wissen, «welche Frau ist die erste unter den Frauen?». Auch das war ein Affront gegen Madame Bonaparte, fast eine Frechheit, da sie all das in Frage stellen wollte, was dem General zu dieser Zeit so hehr und wichtig schien. Sein Wort brachte sie in ihrer Suada über Helden und Genies unmittelbar zum Schweigen: «Welche die meisten Kinder bekommt.»

Diese Auskunft verschlug Germaine die Sprache. Sie fand sie jedoch bald wieder, nur um den Schaden noch zu vergrößern. Als er sich nämlich während dieser Gala, auf der zum ersten Mal in Paris der Walzer als Paar-Tanz genossen wurde, neben sie setzte, begann sie wieder zu kokettieren und meinte schließlich: «General, spielen Sie nicht mit mir wie mit einer Puppe. Behandeln Sie mich wie einen Mann.» Die deutsche Übersetzung von «homme» als «Mann» gibt hier nicht wieder, was Germaine de Staël wahrscheinlich gemeint hat. Denn bei aller Verblendung und Verblüffung über den Widerstand des Generals blieb sie wach genug, manch eine Geistreichelei ins gespannte Gespräch zu mischen, auch wenn es Bonaparte nicht gefallen wollte. Ihr Wunsch hätte demnach anders verstanden werden können, wäre Bonaparte wohlwollend und fähig gewesen, in der Frau mehr zu sehen als nur das gebärende Weib: «Behandeln Sie mich als Mensch.» Erinnert man sich an ihre Klage, vom eigenen Vater als «Spielzeug» benutzt worden zu sein, dann gewinnt diese Variante an Gewicht. Es wäre wohl zu lächerlich gewesen, mit ihrer herausgeputzten Weiblichkeit als «Mann» erscheinen zu wollen, wie vermännlicht auch einiges in ihrem Denken und Verhalten sein mochte.

Eine ähnliche Wort-Nuance konnten die Zeitgenossen auch bei Talleyrand genießen, der an diesem Abend das Spiel mit dem Feuer gewonnen hatte. Denn er feierte nicht nur das nach außen so glänzende Paar Bonaparte, sondern gab Gesprächsstoff genug ab über seine neue Geliebte Catherine Grand: Eine hübsche, schon etwas dralle Engländerin, die ihn ob ihres «indischen» Reizes und der fraulichen Reife fesseln konnte. Sie war im November 1797 zu ihm gekommen. Angeblich, um einen Schutzherrn ihres Vermögens in England zu finden, sollte Bonaparte eine Invasion auf der Insel zum Erfolg führen. Daneben sind noch andere Geschichten im Umlauf, allerdings wohl unzuverlässige. Hingegen wurde ihre Bildung bald zur Zielscheibe des Gespötts. Talleyrand ertrug es im Wissen um andere Genüsse, die ihm genehm waren. Darunter wirkte ihre naive Auskunft, daß sie aus

Indien käme, besonders erheiternd. Denn die Formel «Je suis d'Inde» konnte auch als «Je suis dinde» verstanden werden: «Ich bin eine dumme Pute.»

Talleyrand kannte das Wortspiel. Er wird sich gedacht haben, wenn schon die ehemalige Königin Marie-Antoinette als «Autri-chienne» bezeichnet werden konnte und damit als eine «habsburgische Hündin», dann wird auch diese Unhöflichkeit im Salongeschwätz zu ertragen sein. Überlegen merkte er einmal zu diesem ungewöhnlichen Verhältnis mit Madame Grand an: «Man muß der Geliebte von Madame de Staël gewesen sein, um das ganze Vergnügen auszukosten, der Geliebte einer dummen Gans zu sein.»

Selbst aus dieser Abschweifung geht hervor, wie wenig Frauen in der hohen Politik gelitten waren und wie gering ihr Status geachtet wurde, sobald es um weitreichende Machtfragen ging. Sie durften zwar in mancherlei Hinsicht behilflich sein, sogar Intrigen spinnen, um Männer in Ministerämter zu bringen oder auch Staatsstreiche vorbereiten. Doch bei der realen Macht als Handhabe eines öffentlichen Amtes endete in der Regel ihr Einfluß, zumal wenn sich eine ehrgeizige Frau zu «jener Furie» auswuchs, «die mich mit Schaum vor dem Munde und geschwungenem Dolch verfolgt!».

Was Benjamin Constant einige Jahre nach dem Abenteuer des Fructidor-Putsches und den politischen Anfängen Bonapartes über Germaine de Staël zu Papier brachte, war von Schwermut vergiftet und von Enttäuschungen geprägt. Dennoch gibt es Zeugnisse genug, die bestätigen, wie herrisch seine überaktive «Minette» agieren konnte, sobald sie Machthunger in die Gefilde der Politik trieb. Sie wußte, daß dort zuweilen hart geklotzt wurde, gerade unter Abenteurern wie Barras, Talleyrand oder Bonaparte. Dennoch versuchte sie, selbst in militärische Planungen einzugreifen und glaubte, mit ihrem Spiel Erfolg zu haben. Als nach dem rauschenden Fest bei Talleyrand Gerüchte aufkamen, Bonaparte wollte vor der Ägypten-Expedition noch schnell den «Goldschatz» von Bern mittels einer Besetzung der Schweiz erwerben, fürchtet sie um ihr Refugium Coppet. In bewegenden Worten schildert sie dem «hochherzigen Barras» die «Verzweiflung fast der gesamten Bevölkerung» in ihrem Umkreis und fleht ihn an, die Schweiz davor zu verschonen, ein «Kriegsschauplatz zu werden».

Vergeblich. Es bleibt auch hier die oft gestellte Frage, warum sich Madame de Staël häufig getäuscht hat. Sie, die doch auch gekonnt politischen Einfluß ausübte, geschickt Romane komponierte und lebenspraktisch auf Schloß Coppet oder in Paris agierte. War es nur ihre überbordende Stimme des Herzens oder der Einfluß der Melancholie? Constant erkennt als Hauptursache ihrer Mißerfolge und gescheiterten Beziehungen «die Schwäche ihres Vaters, sodann die Schmeicheleien ihrer Umgebung». Denn «daran gewöhnt, Anregung und Amüsement von außen her zu erwarten, hat sie von ihrem allzu glücklichen und glanzvollen Eintritt in das Leben die verhängnisvolle Gepflogenheit beibehalten, sich mit ihrem Glück auf andere zu verlassen und deren Unterstützung als einen ihr geschuldeten Tribut zu betrachten».

Anders ausgedrückt: Germaine de Staël erwartet die Einlösung der Gegenseitigkeit als Grundbedingung einer Freundschaft und Liebe. Eine Qualität, die trotz zahlreicher Verfassungen und Forderungen nach reziproken Verhältnissen nur selten eingeübt und durchgehend gelebt wurde: Sie selbst hatte dabei die größten Probleme, sobald ihr Herz überquoll und der Mund nicht halten konnte, was die gelehrte Feder versprach.

Dem Freund ein Feind

Es ist manch eine Anstrengung unternommen worden, dem Geheimnis der ambivalenten Beziehung zwischen Germaine de Staël und Benjamin Constant auf die Spur zu kommen. Ein wesentlicher Schlüssel zu ihrem Verständnis liegt mit Sicherheit im Einfluß dessen, was schon vor ihrer Zeit «humeurs noirs» genannt wurde: Die Schwächungen des Gemüts durch «Erschütterungen» der Seele.

Constant blieb sich ihrer Wirkungen als Ausflüssen der Melancholie bewußt und bemühte sich um einen stoisch vermittelten Gleichmut. Seine eigene Leidensfähigkeit veranlaßte ihn, eher behutsam vorzugehen, als aufbrechenden Leidenschaften unmittelbar nachzugeben. Ein Verhalten, das ihm oft vorgeworfen wurde und von dem er trotz harter Rückschläge hoffte, es könnte irgendwann auch Germaine de Staël zu ihrem Vorteil prägen: «Minette schont die anderen nicht genug. Dabei liebt sie sie im Grunde. Daher kommt es (auch), daß sie sich viele Feinde und leidenschaftliche Freunde schafft. Ich selber schone die anderen, aber liebe sie nicht. Daher haßt man mich wenig, liebt mich aber auch kaum.»

Was er am 7. Mai 1804 seinem Tagebuch anvertraut, beruht auf einer langen und schmerzhaften Erfahrung. Sie nimmt in ihrer Umwandlung zu einer besonderen Lebenskunst das vorweg, was zwei Generationen später Nietzsche zu der Reflexion bringt: «Der letzte Boden, der vom Geist der Gerechtigkeit erobert wird, ist der Boden des reaktiven Gefühls.»

Er, der Rousseau haßte und Voltaire verehrte, wollte dem

Glanz des «richtenden Auges» den Stellenwert einer Vollendung geben, sofern es sich nicht vom «Ansturz persönlicher Verletzung, Verhöhung (und) Verdächtigung» trüben läßt. Von dieser «höchsten Meisterschaft auf Erden» waren Germaine de Staël und Constant am Vorabend des historischen Staatsstreichs vom 18. Brumaire oder 9. November 1799 noch einige Wegstrecken entfernt. Aber ihr hohes Empfinden für den Wert des inneren Gleichgewichts als Ausdruck von Gerechtigkeit deutete an, daß sie der Politik in Paris nicht jede Unverschämtheit durchgehen lassen wollten. Germaines wiederholtes Bemühen, willkürliche Deportationen nach Cayenne rückgängig zu machen, spricht ebenso dafür wie Constants Innehalten vor den Lockungen praktischer Macht: In einem Frankreich, dessen politische Klasse durch Korruption mehr als verwildert war.

Ohne das Bewußtsein des reaktiven Gefühls, das in seinem Wesen der «passion réfléchissante» nahekam, wären beide kaum bereit gewesen, einem erneuten Putsch die mentale Abstützung in der Salon-Gesellschaft von Paris zu sichern: Das heißt neben dem geistreichen Garat, dem leidenschaftlichen Abbé Sieyès, der zehn Jahre zuvor die Revolution als Gerechtigkeitsbewegung begründet hatte, oder auch dem integren Destutt de Tracy.

All diese und eine Reihe anderer Leute wie Talleyrand, der wegen Machenschaften aus dem Umkreis des «Direktoriums» das Außenamt aufgeben mußte, erwarteten vom Putsch Bonapartes eine innere Stärkung Frankreichs und am Ende das «Reich der Gerechtigkeit»: Davon hatte schon Madame Roland 1789 geträumt, während Sieyès die Verfassung einer Ideal-Republik im Herzen trug und jetzt auf ihre Verwirklichung hoffte. Doch nach dem Brumaire-Putsch, der das verhaßte «Direktorium» hinwegfegte, ein Regime mit drei Konsuln einrichtete und die Revolution für «vollendet» erklärte, kam alles ganz anders. Die aktive «Clique der Freiheit», wie der Kreis um Madame de Staël und Constant genannt wurde, mußte mit zunehmendem Staunen feststellen, daß sich Bonapartes «Wille zur Macht» verselbständigte: Er bekam durch das Gewicht der Armee eine kaum zu kontrollierende Eigendynamik.

Die «Ideologen», wie Bonaparte diese und andere Verfechter des Republikanismus verächtlich nannte, waren auch deshalb gescheitert, weil sie die eigene organisatorische Schwäche für eine politische Stärke hielten. Sie wollten im zerrütteten Frankreich ein ethisches Gegengewicht bilden und rechneten nicht damit, daß der General aus Korsika ganz andere Pläne hegte. Dem Grafen Melzi schrieb er dazu: «Glauben Sie, daß ich in Italien siege, um den Advokaten des Direktoriums ... zu Ruhm und Ehren zu verhelfen? Oder glauben Sie, daß ich es tue, um eine Republik zu gründen? Welch ein Gedanke! Das ist ein Hirngespinst, in das die Franzosen vernarrt sind, das aber, wie so viele andere, vorübergehen wird. Sie brauchen Ruhm und die Befriedigung der Eitelkeit, aber von der Freiheit verstehen sie nichts.»

Zu einer ähnlichen Einschätzung war schon Marat gekommen, als er gegen die fast sprichwörtliche «Blödheit der Pariser» anschrieb. Ob Bonaparte die vernichtende Kritik dieses Schweizers und Wahl-Franzosen gekannt hat, der ein «Freund des Volkes» sein wollte und als «Ungeheuer» verschrien wurde? Von den Idealen der Aufklärung durchdrungen und ein glühender Feind aller Tyrannen, ahnte Marat bereits 1791, was auf die Franzosen in Zukunft an Herausforderungen hereinbrechen wird, falls sie sich nicht ändern: «Nein, die Freiheit ist nicht für uns geschaffen: Wir sind zu unwissend, zu eitel, zu eingebildet, zu feige, zu gemein, zu verdorben, neigen zu sehr zum Nichtstun und zum Vergnügen, sind zu sehr Sklaven des Glücks, um jemals den Preis der Freiheit zu erkennen.»

Selbst Charlotte Corday, seine Attentäterin, hätte dieses vernichtende Urteil über die politische Reife ihrer Landsleute unterschreiben können. Denn ihrer Ansicht nach fehlte es «den Franzosen an Geist und Energie, Republikaner zu sein. Ich sehe nichts als Egoisten, die ihr Vermögen auf den Ruinen ihrer Mitbürger zu erheben suchen ...»

Marat «der Tiger» und Corday «der Engel» wirken wie ein Komplizen-Paar in ihrer harschen Kritik an den moralisch heruntergekommenen und unfähigen Zeitgenossen. Tatsächlich offenbaren sie auf verschiedenen Wegen ihrer Analyse nichts anderes als ein Grundübel der politischen Geschichte Frankreichs, das bis heute nicht behoben werden konnte: Der Kampf winziger Eliten innerhalb des Guts-, Geld- und Geistesadels um die öffentliche Macht als Bühne der Selbstdarstellung. Dabei wirkt das Verhalten vieler Akteure so, als müßten sie in entscheidenden Augenblicken dem Freund ein Feind sein und die Einsicht bestätigen: «Fällt das Vertrauen, dann steigt die Gewalt» (Sieyès). Wer dieses Spiel der nützlichen Kehrtwendung (inversion utile) nicht beherrschte, der durfte sich keine Chance auf Machterwerb ausrechnen.

Alle Lobsprüche zum angeblich «revolutionären Charakter» der Franzosen als vom «Weltgeist» begünstigtes Volk erweisen sich angesichts dieser innerelitären Gewohnheit als akademisches Klischee. Dem Volk auf den Straßen konnte zwar eingeredet werden, daß es Geschichte macht, aber die wirklichen Geschicke des Landes vollzogen sich weitgehend im kleinen Kreis, sobald Losungen in Lösungen verwandelt werden mußten. Bonaparte lernte schnell, den inneren Kern im Machtzentrum der Ersten Republik für sich einzunehmen, indem er seine Feindschaft gegen Barras als «Freundschaft» ausgab. Er nutzte dabei geschickt die verbreiteten Sehnsüchte nach «Ruhe und Ordnung», Ende allen Terrors und ständiger Bedrohung zum eigenen Machtvorteil. So ließ er gleich nach dem geglückten Putsch 1799 von Sieyès eine neue «Verfassung» ausarbeiten. Talleyrand, der die Kunst der Inversion wie kein zweiter beherrschte, übernahm wieder das wichtige Außenamt, als hätte er nur eine Ver-

Charlotte Corday und der ermordete Marat

schnaufpause eingelegt. Das von Sieyès nach römischen Vorbildern empfohlene Tribunat als Diskussionsforum für anstehende Gesetze besetzte er zunächst mit Männern, die weitgehend öffentliches Vertrauen genossen. Darunter befand sich auch ein «Ideologe» und entschiedener «Freund der Freiheit» – der Schweizer und Wahl-Franzose Benjamin Constant.

Es steht außer Zweifel, daß er dieses Amt nur dem Einfluß der Madame de Staël zu verdanken hatte. Mittels seiner Brüder Joseph und Lucien, die sie seit kurzem zu ihren neuen Freunden zählte, war es ihr gelungen, Bonaparte für den «Metaphysiker» Constant zu interessieren. So nannte er alle «Ideologen», die sich politische Idealzustände ausmalten und dabei vergaßen, angesichts des militärischen Verständnisses von öffentlicher Macht Farbe zu bekennen.

Sieyès selbst, der noch 1789 mit der aufrührerischen Frage «Was ist der Dritte Stand?» die Revolution in den Köpfen des Geistesadels gesteigert hatte und damals klare Verhältnisse schaffen wollte, lieferte Bonaparte das Motto, mit Hilfe einer «Verfassung» seinem dunklen Machtdrang nachzugeben: «Eine Verfassung muß kurz und undeutlich (obscure) sein.»

Was das bedeutete, konnte jeder Rechtskundige an mehreren Gummiparagraphen der 95 Artikel umfassenden «Ordnung» vom 13. Dezember 1799 erkennen: Der Hocharistokrat und spätere Theoretiker des Sozialismus, Saint-Simon, der am Entwurf mitgearbeitet hatte ebenso wie der Adlige Benjamin Constant de Rebecque. Bonaparte hatte mit dieser «Verfassung» die Revolution nicht vollendet, sondern als Gerechtigkeitsbewegung zerstört. Das hat Constant frühzeitig herausgespürt. Aber im Glauben, er könnte als Mitglied des Tribunats die künftige Gesetzgebung beeinflussen und damit die Politik des Ersten Konsuls kontrollieren, bewarb er sich. Während des Zusammentreffens mit Bonaparte, das Germaine de Staël arrangiert hatte, gefiel er sich in Lobeshymnen auf den «genialen» General. Mehr noch, er distanzierte sich von den Höhen der Theorie und ließ den Konsul wissen: «Sie begreifen, daß ich Ihr Mann bin. Ich bin nicht einer von jenen Ideologen, die alles mit Theorien erledigen wollen; ich bin für Tatsachen, und wenn Sie mich ernennen, können Sie sich auf mich verlassen.»

Ob Bonaparte ihm diese offene Kehrtwendung wirklich abgenommen hat? Wie sollte sich auch ein Gerechtigkeitsfanatiker nur dadurch bekehren, daß ihm ein Machthaber die Ernennung zum Tribun in Aussicht stellte? Constant hätte im Falle einer nützlichen «Kehrtwendung» sein ganzes politisches Denken aufgeben müssen: Eine Vorstellung, die ihn wohl schaudern ließ und dazu zwang, entweder sich selbst treu zu bleiben oder zum Gesinnungslumpen zu werden.

Die Gefahr des Opportunismus und des entwürdigenden Karriereschachers schien ihm gleich nach dem Besuch bei Bonaparte bewußt zu sein. Denn er bat den ihn begleitenden Chabeau-Latour, den Verfassungsvater Sieyès aufsuchen zu dürfen. Der Politiker stimmte zu und nur kurze Zeit später stand Constant dem Mann gegenüber, der das Vertragsmodell der drei Gewalten auf fünf Gewalten erweitern wollte. Darunter die «bewahrende Gewalt» (conservateur) nach dem Muster des ehemaligen «Parlement de Paris», das zur Zeit der Monarchie vor 1789 auf die Verfassungsmäßigkeit der vom König beabsichtigten Gesetze zu achten hatte. Ein Modell, das Constant in seine eigenen Verfassungsüberlegungen einbauen sollte, was jetzt aber nicht von großem Belang war. Denn es ging ihm um etwas Grundsätzliches in der Bewahrung seiner Überzeugungen, an denen er vor Sieyès nicht den geringsten Zweifel aufkommen ließ.

«Sie wissen», legte er dem ehemaligen Kirchenmann dar, «wie ich die Gewalt hasse. Ich werde nicht ein Freund des Schwertes sein. Was ich will, sind Prinzipien, Ideen, Gerechtigkeit. Sie können sich auf mich verlassen, wenn Sie mir Ihre Stimme geben, denn Napoleon hat keinen größeren Feind als mich.»

Das Erstaunliche ist, daß sowohl Sieyès als auch Chabeau-Latour diese Offenheit nicht gleich nutzten, um ihn bei Bonaparte anzuschwärzen, der ihn am 24. Dezember 1799 zum Tribun ernannte. Germaine de Staël wähnte sich am Ziel aller politischen Herzenswünsche, nämlich ihr Werkzeug im inneren Kreis der Macht plaziert zu haben. Nachdem sie Narbonne zum Kriegsminister und Talleyrand zum Außenminister «gemacht» hatte, war das in wenigen Jahren ihr dritter Triumph: Und dies auf der Bühne einer Politik, in der Freundschaft nicht eine Feindschaft beendete, wie es die Lehre Buddhas will, sondern begründete.

Ihr gefährliches Spiel, Constant als politisches Mittel einzusetzen, um auf diese Weise den Ersten Konsul daran zu erinnern, daß echte Politik etwas mit Verfassungsvollzug und Prinzipientreue zu tun haben mußte, sollte denn auch eine dramatische Wende nehmen. Schließlich war Constant gewillt, in Bonaparte nicht nur einen Gegner zu sehen, sondern einen Feind der Freiheit zu bekämpfen. Schien doch der Konsul entschlossen zu sein, dem großen Vorbild Caesar nachzueifern und Senat wie Tribunat so abzudrängen, daß ihm bald eine «ewige Diktatur» angetragen wurde. Von der Schnelligkeit und Wendigkeit als militärischen Qualitäten überzeugt, begann Bonaparte gleich nach Weihnachten 1799 und mit dem Wechsel zum neuen Jahrhundert ein anderes Zeitalter einzuleiten. So genügte es ihm nicht, daß das Tribunat über Gesetzesentwürfe der Konsuln oder der Regierung debattierte. Dieses Gremium sollte auch noch an einem einzigen bestimmten Tag seine Diskussionen abhalten, demnach unter einem erheblichen Zeitdruck die Verfassungspflicht erfüllen, künftige Gesetze auf Schwachstellen oder Rechtswidrigkeiten abzuklopfen. Constant hat dagegen in einer Rede vom 5. Januar 1800 protestiert. Denn ein solches Vorgehen mußte jede echte Debatte mit Rede und Gegenrede abwürgen. Das Tribunat würde auf diese Weise zu einem bloßen Erfüllungsgehilfen der drei Konsuln herabge-

Benjamin Constant auf der Rednertribüne

würdigt, so daß am Ende «nichts übrigbliebe als Knechtschaft und Schweigen – ein Schweigen, das in ganz Europa zu hören wäre».

Dieses Auftrumpfen hatte Germaine de Staël ausdrücklich gebilligt, ohne jedoch zu bedenken, was die Opposition Constants im Lager des Ersten Konsuls auslösen könnte – «ein Toben und Wüten gegen Benjamin». Darüber empörte sie sich in einem Brief an den Grafen Rœderer und erörterte die entstandene Lage. Dabei ging sie jedoch nicht auf den Machtdrang Bonapartes ein, der eine andere Republik wollte, sondern argumentierte vom Gebot der Gegenseitigkeit aus, um ihr Ideal von der Freundschaft zu retten.

Die üblen Angriffe auf sie und Constant in Rœderers «Journal des hommes libres» erinnerten sie an die «Intoleranz der schrecklichsten Zeiten der Revolution». Ein unerträgliches Benehmen, wohl nur mit dem Ziel, «erklärte Freunde der Regierung in Verzweiflung» zu stürzen. Es erscheint ihr außerdem geradezu monströs, daß die Angriffe der von Bonaparte gesteuerten Zeitung besonders gegen sie selbst gerichtet seien, «weil ich die Freundin eines Mannes bin, der über eine Verfahrensfrage eine freie Rede gehalten hat!».

Der Erste Konsul sah tatsächlich in ihr die Drahtzieherin und in Constant ihre Marionette oder Sprachrohr, auch wenn sie diesen Verdacht Rœderer gegenüber scharf von sich weist. Der Graf darf auch vernehmen, daß er in seinem Unglück ihre Freundschaft genossen hatte und sie jetzt im Stiche ließ – wie Talleyrand, der sie von einem Tag auf den anderen nicht mehr kennen wollte. Alle «Beweise stetiger und tiefer Zuneigung» schienen im Banne des neuen Machthabers nichts mehr zu bedeuten, wenn sie zu persönlichen und politischen Nachteilen führten. Schlimmer noch. Germaine de Staël wirft dem Zeitungsbesitzer und Publizisten vor, daß er Bonapartes Zuträger sei und ihm Vertraulichkeiten aus dem Freundeskreis verrate. Als Gipfel des Vertrauensbruchs empfindet sie die Vergeßlichkeit oder das verbreitete Unvermögen, sich an Wohltaten zu erinnern und statt Dankbarkeit zu zeigen mit dem Maulkorb der Zensur zu drohen. In schneidender Schärfe und mit Zorn in jedem Wort fragt sie den wendigen Grafen: «Wo werden Sie Menschen finden, die mehr als wir daran interessiert sind, daß die Jakobiner nicht an die Macht kommen? Welche Frau hat sich von Bonaparte zu jeder Zeit so begeistert gezeigt wie ich?»

Spätestens hier wird klar, daß Germaine de Staël wieder einmal das Opfer eines Mißverständnisses geworden ist. Sie hatte nämlich geglaubt, daß nach dem Scheitern der Royalisten und nach dem Terror der extremen Jakobiner sich in Bonaparte jene Vernunft verkörpern müßte, die ihr in Gestalt der Gerechtigkeit ebenso ein Leitstern war, wie sie Constant politisch geprägt hatte. Die Vorstellung, der inneren Ordnung Frankreichs ein vertragliches Gleichgewicht zu geben, hatte sie den Schriften von Montesquieu entnommen und der Idee Rousseaus verdankt, mündige Bürger auf einen «Contrat social» zu verpflichten, der die gesellschaftliche Harmonie vor allem von den Besitzenden zu verlangen hätte. Statt dessen erlebte sie in den Januartagen des Jahres 1800 ein Kesseltreiben und eine geradezu «närrische Hetze» gegen alle Freigeister, die sich einen Sinn für *Treuhandschaft* im öffentlichen Leben bewahrt hatten.

In ihrer energischen und hämmernden Art, bei Ungerechtigkeiten auf der Stelle zu explodieren, stellt sie Rœderer die harte Frage und meint damit Bonaparte: «Heißt regieren, seine Freunde seinen Feinden einzureihen, wenn offenbar ist, daß nichts ihren Absichten, ihren Anliegen und ihren Neigungen mehr widerspricht?» Sie hatte wohl erkannt, daß eine diktatorische Energie, wie sie Bonaparte teils geschickt, teils grob inszenierte, die zweifelhafte Kunst des Ausspielens betreiben mußte, um den eigenen Anhang zu stärken. Gleichzeitig aber ahnte sie, daß kein Segen darauf ruhen konnte, wenn Menschenfreundschaft derart manipuliert würde. Sie will sich nicht mit der auftrumpfenden Roheit anfreunden, appelliert auch an die «Bildung» des sonst so kultiviert auftretenden Grafen und steigert sich in eine neue Kaskade fundamentaler Fragen an den Bestand politischer Kultur seit den befreienden Tagen der *Menschenrechts-Erklärung* von 1789. «Hat es sich in der Revolution eingebürgert», donnert sie im Stil eines enttäuschten Zuchtmeisters, «daß derjenige, der als erster ans Ziel kommt, versuchen muß, den zu verderben, der ihm als erster die Hand gereicht hat? Die Sitten der Freundschaft, der Gesellschaft, der Güte, gelten sie nicht mehr? Muß man einzig danach trachten, einander zu stürzen?»

Denkt man an das Verhalten ungebildeter Politiker in den heutigen Demokratien, die parlamentarische Opposition mit einem Plan zum Sturz der Regierung verwechseln und nicht auch die verfassungsgemäße Pflicht sehen, sie zur Sicherung des Gemeinwohls zu stützen, dann erweist sich Germaine de Staëls Schlußfrage als überaus aktuell. Mehr noch: In ihrer Abkehr vom linear gerichteten Fortschrittsdenken, wie es der Mathematiker de Condorcet und Verfassungsvater von 1793 als Inbegriff von Aufklärung verstanden hat, denkt sie zeitlos, weil es um die Kultivierung des inneren Menschen geht. Hier steht sie ähnlich wie Constant auf dem Standpunkt des Aufklärers David Hume, wonach «die Menschheit zu allen Zeiten und an allen Orten immer die gleiche» sei. Gemeint ist, «daß uns die Geschichte gar nichts Neues oder Fremdes … zu sagen hat. Ihr Hauptzweck besteht nur darin, die anhaltenden und allgemeinen Grundsätze der menschlichen Natur aufzudecken.»

Unter solchen Bedingungen erwartete Germaine de Staël von Bonaparte als Erstem Konsul nicht die Erfüllung aller Kardinaltugenden. Es hätte ihr genügt, wenn er den zeitlosen Bindungen dieser antiken wie christlichen Tugendlehre gefolgt wäre und sie in seiner täglichen Politik allen sichtbar vollzogen hätte – dem Gemeinen Besten zum Nutzen.

Die Erschütterungen in den Nachbeben des 18. Brumaire

bestätigten den Mut, ihr neues Werk «Über die Literatur» von 1800 mit der ethischen Maxime anzulegen, daß Bildung im Menschen den «Freund» bildet und nicht den «Feind» oder gar den «Wolf» im Sinne des Plautus wie des Hobbes. Trotz aller Beschädigungen und Belastungen im persönlichen Bereich steht ihr das Ideal des «Homme honnête» vor Augen, der etwas davon versteht, Schaden von sich selbst und den Mitmenschen zu wenden. Dieses für sie unabdingbare Treuhandgebot sieht sie durch Bonaparte und viele seiner Anhänger grob verletzt.

Behält man diese Position in Erinnerung, dann erweist sich auch das Urteil Wilhelm von Humboldts kurz nach Erscheinen ihres erwähnten Werkes als ziemlich oberflächlich. Aus Paris schreibt er am 30. Mai 1800 an Goethe, wie sehr er ihre Schrift über die «Leidenschaften» schätzt, die selbst Bonaparte während seiner verunglückten Ägypten-Expedition gelesen hat. Aber ziemlich herablassend fügt er hinzu: Das neue Werk «kann natürlich für seinen eigentlichen Gehalt nur schwach sein. Um den Zustand der ganzen Literatur in allen Ländern und Zeiten zu beurteilen, fehlt es ihr natürlich an Philosophie und Gelehrsamkeit zugleich. Sie hat keinen deutlichen Begriff von dem, wohin der Mensch gelangen soll und sieht alle Literaturen doch eigentlich als Französin an.»

Hätte Humboldt, der sich fast so oft geirrt hat wie Goethe selbst, das abgewertete Werk genau gelesen, dann wäre sein Vor-Urteil überflüssig gewesen. Denn es ging Germaine de Staël nicht darum, die Literatur um ihrer selbst willen in Vergleich zu setzen. Ihr Werk diente dem politischen Anliegen, diese schöngeistige Kunst «in ihren Beziehungen zu den gesellschaftlichen Institutionen» zu betrachten und einzuschätzen. Sie weiß dabei sehr wohl, wohin der gebildete Mensch gelangen soll. Jedenfalls nicht in den entmündigenden Zustand der Hohenzollern-Diktatur, der Humboldt bald verpflichtet war, ohne sie wirklich reformieren zu können. Auch nicht in einen Zustand des rabiaten Egoismus, der nur noch «die Korruption ohne Höflichkeit» kennt, «die Roheit ohne Großmut, die Zivilisation ohne Aufklärung» und die «Ignoranz ohne Begeisterungsfähigkeit».

Obgleich das Werk noch vor dem 18. Brumaire abgeschlossen worden ist, liest es sich wie ein Fanal gegen die Verrohungen unter Bonaparte. Der Erste Konsul mit den Ansätzen künftigen Cäsarenwahns reagierte auch deshalb so schroff auf Constant und diese aristokratisch gestimmte Schrift, weil Germaine de Staël im «Écrivain solitaire» den Gegentypus zum brutalen Machtmenschen zeichnet. Ihr Ideal vom Einzelgänger ist eben nicht nur zur Reflexion auf den ethischen Kern eines Gemeinwesens fähig. Er versteht es auch, im Gebrauch der sanften wie der schwarzen Melancholie überbordende Leidenschaften zu dämpfen und mit dem inneren Gleichgewicht ein großes Erinnerungswerk zu leisten. Aber gerade das war Bonaparte ein Greuel. Er, der gleichsam aus dem korsischen Nichts kam, wollte nicht bei einer grauen Vergangenheit aufgehalten werden – ihn drängte nur die Aussicht auf eine glänzende Zukunft. Genau diese Lebenssicht wollte er sich nicht von Leuten wie Madame de Staël oder Constant verstellen lassen. Mit «wohlberechnetem Zorn» soll Bonaparte in den Tuilerien getobt haben, als die Opposition im Tribunat bekannt wurde: Dort «sitzen zwölf oder fünfzehn Metaphysiker, die man ertränken sollte. Wie Ungeziefer haften sie an meinen Kleidern, aber ich werde sie abschütteln.»

Er, den die «Freunde der Freiheit» als Schwächling empfanden und ihn einen «Ideophoben» hießen, sollte sich hier wie in anderen Bereichen gehörig täuschen. Schließlich hatte er es mit Intellektuellen zu tun, die Bacons Auftrag an die Aufklärung ernstnahmen und nach der Empfehlung «Wissen ist Macht» hart an ihrer inneren Vervollkommnung arbeiteten. Bonaparte hingegen glaubte, auch hier das Mittel der Inversion anwenden zu können, um seine Position zu stärken: Macht ist Wissen. Was auch immer an öffentlichen Mitteln zur Förderung der Wissenschaften von ihm zugestanden wurde, so endete doch sein Interesse an der Geistigkeit dort, wo sie sein machtbezogenes Selbstverständnis störte. Das erklärt auch, warum zum Beispiel die Gazette de France in der giftigen Reaktion auf Germaine de Staëls Italien-Roman «Corinne» das Kultivieren der Melancholie als überflüssigen Luxus abtat. Beherrschung aus dem Inneren wurde als Bedrohung für den Machthaber aufgefaßt, der von außen Gewalt anwendete und darauf drang, daß die Zeitungen von «Größe» (grandeur) und «Heroismus» schwärmten, obgleich ruhige Reflexion angesagt war. Mit dieser Waffe konnte Bonaparte nur im militärischen Bereich umgehen, solange ihm überlegene Kräfte zur Verfügung standen. Er verstand es auch, in kitzligen Situationen die äußeren Waffen einer Frau zu parieren, ohne jedoch zu ahnen, wohin es führte, ihren Stolz zu verletzen, zumal wenn sie über das geistige Vermögen einer Germaine de Staël verfügte – zu schweigen vom finanziellen.

Sie hatte das ganze Jahr 1800 hindurch immer wieder erfahren, daß ihre Auffassung von Freundschaft als Ausdruck dankbarer Gegenseitigkeit kein Gemeingut mehr war. Zusammen mit Constant mußte sie bittere Szenen erleben und feststellen, daß der Glanz des zunehmend Mächtigen selbst Leute blendete, die man für gefestigt hielt, der wachsenden Tyrannis klug und kühn zu begegnen.

Trotz allem genoß die lebenserprobte Necker-Tochter das frivole Leben in den Salons von Paris und ließ sich auch von «Verfemungen» nicht abhalten, auf wichtige Bälle zu gehen. Bei einem solchen Anlaß im Haus des Generals Berthier traf sie zum letzten Mal mit Bonaparte zusammen. Sie hatte diese Zusammenkunft gewollt und war bereit, sich nicht noch einmal so demütigen zu lassen wie im Beisein Talleyrands. Aber als der «korsische Hund» vor ihr auftauchte und wegen seines Kleinwuchses zu ihr aufschauen mußte, da schien sie zu versteinern. Denn er starrte auf ihr raffiniert geschnürtes Dekolleté mit dem erregend schönen Busen und rang sich gegenüber der vierunddreißigjährigen «Mutter der Gracchen», wie sie manchmal genannt wurde, die Bemerkung ab: «Sie haben gewiß Ihre Kinder selbst gestillt?» Auf diese wenig galante Frage war sie nicht gefaßt und schwieg. Bonaparte aber wandte sich an seinen Bruder Lucien und schmähte sie mit der ihm eigenen Arroganz: «Du siehst, sie will nicht einmal ja oder nein sagen.»

Das war nicht klug. Denn erst jetzt wurde aus der kritischen Begleiterin seines Konsulats eine haßerfüllte Gegnerin. Germaine de Staël konnte diesen Haß nur dadurch leidlich zügeln, daß sie noch immer um die Rückerstattung der gut 2 Millionen Livres kämpfte, die ihr Vater der Monarchie vor 1789 als Darlehen gewährt hatte. Außerdem mußte sie zunehmend an die weitere Zukunft ihrer Kinder Auguste, Albert und Albertine denken. Sie konnte deshalb die gebotene Gegnerschaft noch nicht in offene Feindschaft wandeln, zumal sie ständig der Rachsucht Bonapartes ausgesetzt war: Das hieß der Drohung, Paris und Frankreich verlassen zu müssen. Vorsicht war geboten. Gleichzeitig erkennt sie Ermüdungen und gesteht dem befreundeten Philosophen Joseph-Marie de Gérando im Mai 1800: «Ich will versuchen, wieder Interessen (und) Beschäftigungen zu finden, doch ich fürchte, daß der Quell meines inneren Lebens versiegt ist.»

Nur drei Wochen später bekennt sie der Madame de Pastoret vom Landsitz in Coppet aus, daß sie «mit dieser widerwärtigen Politik Schluß gemacht» hat, um sich fortan mehr der Literatur und dem Romane-Schreiben zuwenden zu können. Obgleich sie in dieser Zeit auch der Ansicht ist, daß «Einsame von Tatsachen leben», möchte sie sich jetzt zum Zeitvertreib «Werken der Phantasie» hingeben. Noch immer rumort in ihr das Ambivalente von Herz und Hirn, Vernunft und Gefühl, Idee und Gewissen. Goethe, mit dem sie etwa gleichzeitig korrespondierte, sollte einmal von den «zwei Seelen in der Brust» sprechen und damit auch die Spannung

ADOLPHE;

ANECDOTE

TROUVÉE DANS LES PAPIERS D'UN INCONNU,

ET PUBLIÉE

PAR

M. BENJAMIN DE CONSTANT.

LONDRES:

CHEZ COLBURN, LIBRAIRE,

PARIS:

CHEZ TRÖTTEL ET WURTZ.

1816.

kennzeichnen, in der Germaine de Staël als Einzelwesen innerlich so friedlos lebte.

Sie dachte sich wohl Gegenseitigkeit und Dankbarkeit als einen Grundwert menschlichen Zusammenlebens. Tatsächlich aber galt die damit verbundene Freundschaft schon in der Antike als eine sekundäre Qualität. Sie mußte dauernd erworben werden, und das setzte gezielte Tätigkeiten, Maßnahmen und Gegengaben voraus. Der Freundschaft fehlte demnach der natürliche Trieb, wie er zwischen Eltern und Kindern beobachtet werden kann. Freundschaft wurde nicht unter die Kardinaltugenden gezählt, bedurfte jedoch der glücklichen Mischung dieser Ansprüche, falls sie wirklich auf Dauer gedeihen sollte. Wurde dieser Zustand nicht erreicht und gar durch Schwarzflüsse gestört, konnte sogar der Feind eines Feindes zum «Freund» avancieren: Geradeso als befände man sich auf dem Gebiet der Mathematik, wo «Minus mal Minus» ein Plus ergibt.

Germaine de Staëls Fehler aber und Benjamin Constants Mängel harmonierten selten. Obgleich beide sich stets von neuem bemühten, eine Krise durch Schonung des anderen zu beheben und das Zartgefühl walten zu lassen, gerieten sie in jene Lage, die Constant in seinem Roman «Adolphe» (1806/1816) in schonungsloser Klarheit beschrieben hat. Adolphe, der sein «eigener Herr» sein will, und Ellénore, die sich als «demütige Sklavin» seinen Wünschen anpassen soll, erliegen Täuschungen beim Einschätzen des jeweiligen Charakters. Sie fühlen sich zeitweise, als «hetzten uns Furien gegeneinander auf. Alles, was unversöhnlichster Haß gegen uns hätte anführen können, hielten wir uns wechselseitig vor, so daß diese beiden Unglücklichen, die allein auf Erden einander so gut kannten, die allein sich gegenseitig Gerechtigkeit widerfahren lassen, sich verstehen und trösten konnten, wie zwei unversöhnliche Feinde erbittert zu zermalmen versuchten.»

Ähnlich dachte Germaine de Staël anfangs von Bonaparte

als einem Heilsbringer und möglichen Freund, dessen Stimmung gegen sie wie Constant immer gereizter wurde. Ja, er drohte ihr sogar, sie zu «zerschmettern», sollte es ihr weiterhin einfallen, sich ihm in seinen Machtplänen mit Wort und Schrift zu widersetzen. Einiges spricht dafür, daß die ehrgeizige Necker-Tochter in Bonaparte weniger ein Feindbild bekämpfte als vielmehr in diesem Machtmenschen Züge des eigenen Wesens erkannte und davor erschrak. Vor allem ihre absolutistische Neigung, alles beherrschen zu wollen, bedrückte zunehmend den freiheitstrunkenen Constant: «Immer verfolgt von Vorwürfen, stets von Germaines Stimmung abhängig, nie bin ich selbst der Steuermann meines Lebens!»

«Mein eigener Herr»

Neben der Melancholie litt Constant auch an einem veritablen Komplex. Er empfand es nämlich als grundlegenden Mangel, daß eine echte Liebesbeziehung ganz selten mit individueller Unabhängigkeit zu vereinen ist.

Geradezu krankhaft suchte er nach Möglichkeiten, im Alltag wie in ekstatischen Zeiten Herr seiner Sinne bleiben zu dürfen. Er wollte die Liebe als Wert an sich genießen und ihre Freuden auskosten, ohne an einen Nutzen denken zu müssen. So wie das berühmte Prinzip des «L'art pour l'art», das von ihm stammt und erwartet, ein Kunstwerk ohne Hintergedanken wirken zu lassen, so stellt er sich auch den Idealfall einer Herzenssache vor: Die Liebe soll eine Aufgabe des Selbst sein und nicht zur Selbstaufgabe werden.

Die Vorstellung, daß sich zwei Menschen unvoreingenommen begegnen, um ehrlich ihre Gefühle auszuleben, beschäftigte ihn vor allem nach der mißglückten Ehe mit Wilhelmine von Cramm. Gleichzeitig aber beschleicht ihn eine seltsame Lähmung, sobald sich eine von ihm «geliebte» Frau dazu bereitfindet, auf seine Vision der Selbstbestimmung einzugehen, ja sogar die gesellschaftlichen Konsequenzen zu ziehen – wie Charlotte von Hardenberg.

In seinem Roman «Adolphe», einem Meisterwerk der psychologischen Literatur, gestaltete er diese eigentümliche Spannung zwischen Wunsch und Wirklichkeit, die er über viele Jahre hin im Umgang mit Germaine de Staël in zahlreichen Varianten erlebt hatte. Er schrieb ihn im Spätherbst 1806 in Rouen und auf Schloß Acoste bei Meulan – wohl schon unter dem Motto: «Das größte Glück meines Lebens:

frei zu sein». Ellénore, die «unter einer peinigenden Abhängigkeit» von einem Grafen gelitten hatte, soll sich bei Adolphe «vollkommen wohl gefühlt» haben, «weil zwischen uns völlige Gleichheit bestand. Durch eine von jeder Berechnung, von allem Eigennutz freie Liebe hatte sie sich in ihren eigenen Augen wieder ein wenig erhoben; sie wußte, ich sei gewiß, daß sie mich nur um meiner selbst willen liebte.»

Davon hat Constant in der Realität geträumt und das Idealpaar in der Voraussetzungslosigkeit gesehen. Das Streben nach diesem vollkommenen Zustand der steigernden Ergänzung aber scheiterte im wesentlichen daran, daß weder er noch Germaine de Staël genügend Kraft dafür aufbringen konnten, das abschottende ICH zu öffnen und ein SELBST entstehen zu lassen, das auch WIR sagen konnte. Ein solches Bewußtsein beharrt nicht auf einer bedingungslosen Unabhängigkeit, sondern pflegt als Lebens- und Liebeskunst entstehende Abhängigkeiten zu beherrschen – als Teile eines gemeinsamen Ganzen.

An dieser Einsicht hat es Constant im Alltag ebenso gefehlt wie in der romanhaften Imagination. Als Adolphe von Ellénore hört: «Ich bin vollkommen frei» und außerdem erfährt, daß sie den Entschluß zur Trennung vom Grafen «unabhängig» von ihrem geliebten Freund getroffen hat, da kann er nur unsicher stammeln und zieht sich trotz seines scheinbaren Einverständnisses zurück: «*Ich* nahm ihr Opfer an, *ich* dankte ihr dafür; *ich* sagte ihr, *ich* sei beglückt darüber; *ich* sagte ihr noch viel mehr, *ich* versicherte, *ich* hätte immer gewünscht, ein unwiderruflicher Entschluß von ihrer Seite werde mir die Pflicht auferlegen, sie niemals zu verlassen ...»

Der Roman erschien erst 1816, ein Jahr vor dem Tod Madame de Staëls. Die Erinnerung an seinen Treue-Vertrag mit ihr fand auch an anderen Stellen des Romans einen beredten Ausdruck in der Unfähigkeit, Abhängigkeiten als positiv und vital zu empfinden. Gewiß, man könnte in diesem Bekenntnis auch einen Widerhall von Kants Pflicht-Ethik erkennen, der Constant teilweise zugetan war. Auch wenn der Roman kaum eindeutig als psychologisches Bekenntnis oder als Schlüsselliteratur zu lesen ist: Im Vergleich mit seinem gelebten Dasein ergibt sich doch der Eindruck, daß es ihm an der praktischen Umsetzung des Gegenseitigkeitsgebotes fehlte, wie sehr er dieses Prinzip auch sonst und von anderen forderte. Kaum fühlte er sich von einer Frau oder einer Aufgabe angezogen, begann in ihm eine Absetzbewegung zu rumoren, die meist bei geschickt formulierten Ambivalenzen endete: «Ellénore war in meinem Dasein sicher ein großer Freudenquell, doch war sie kein Ziel meiner Wünsche mehr: Sie war eine Fessel geworden.»

Zahlreiche Eintragungen in seinem Tagebuch (das erst 1895 erschien) entsprechen genau diesem Schema, sobald er auf Germaine de Staël zu sprechen kommt, der es mit ihm nicht wesentlich anders ergeht. Allerdings mit dem wichtigen Unterschied, daß sie von Constant keine leiblichen Genüsse, sondern nur geistige Ergüsse erwartet, die ihr Gemüt beleben und den Status als gelehrte Frau festigen. Denn daran war sie mehr denn je interessiert, seit sie die ersten sicheren Zeichen körperlichen Verfalls entdeckte und mit wachem Instinkt wahrnahm, daß sie befreundeten Frauen wie Juliette Récamier an äußerer Schönheit nichts entgegensetzen konnte. Im Bewußtsein schwindender Attraktivität ließ sie Constant als ständigem Begleiter manch eine Verbitterung spüren. Sie hatte weniger etwas mit seinem Ungeschick zu tun, Gefühle und Handlungen in Übereinstimmung zu bringen. Vielmehr verbarg sich dahinter immer häufiger die Klage, «dem allgemeinen Naturgesetz» ausgeliefert zu sein – «dem Altern».

Davon ist in ihren sprühenden Briefen bis 1800 selten die Rede. Aber in ihren Ausbrüchen und «schrecklichen Szenen bis drei Uhr morgens» soll nach Auskunft Constants manch ein Wort darüber gefallen sein, was die Natur vor allem den Frauen zumutete. Entnervt und verschreckt wandte er sich von der Vorstellung ab, auch noch diese kommende Belastung auszuhalten: «Ich möchte nicht als Mann den Unwillen einer Frau ertragen müssen, deren Jugend im Schwinden begriffen ist.»

Zum Zeitpunkt dieses verbalen Entschlusses war Germaine de Staël 38 Jahre alt. Der Tod ihres Mannes, den sie unmittelbar erlebte, die zeitweilige Verbannung aus Paris durch Bonaparte und der Tod ihres Vaters hatten nicht nur seelische Spuren hinterlassen. Auch die Sorge um die Kinder und deren schulische Bildung zerrten an ihrem Gemüt. Constant dagegen wollte unter dem Eindruck seiner «höchst empfindlichen, erschöpften Einbildungskraft» eher die Einsamkeit suchen. Die ersehnte Flucht vor den Flüchtigkeiten der Welt, die selbst Germaine de Staël zumindest zeitweise zusagte, schloß die Abkehr vom weiblichen Partner ein. Deshalb gesteht er auch wiederholt und im unverkennbaren Ton der Resignation: «Ich liebe die Einsamkeit, sie jedoch lebt immer in Gesellschaft. Ich habe ein körperliches Verlangen nach Frauen, sie aber bedeutet in dieser Hinsicht nichts mehr für mich. Ich habe jederzeit das größte Bedürfnis nach Unabhängigkeit gehabt, sie indessen hält mich in völliger Abhängigkeit.»

Dieses Eingeständnis von 1804 scheint übrigens Bonaparte zu bestätigen. Denn der Erste Konsul sah in seinen Reden und Gegenaktionen immer die Handschrift der Madame de Staël. Trotz aller Beschwichtigungen seiner Brüder Joseph und Lucien, mit denen sie in freundschaftlicher Verbindung stand, betrachtete er Constant als ihren verlängerten Arm und reagierte auch 1802 so heftig auf seine Opposition im Tribunat, daß er ihn entließ: Im Argwohn auch, daß die «Clique der Freiheit» mit anderen «Ideologen» und selbst dem General Bernadotte an einem Komplott gegen ihn beteiligt war. Mit der Entlassung verlor Constant auch die «jährliche Vergütung von fünfzehntausend Francs» als Tribun, die ihm laut Artikel 36 der Sieyès-Verfassung zustanden. Das war zwar keine berauschende Summe, aber für seine Verhältnisse bedeutete der Wegfall dieses Einkommens einen herben Verlust, der ihn gleichzeitig wieder an Germaine de Staël band, ja materiell gefügig machte.

Diese Abhängigkeit sollte nicht unterschätzt werden, schließlich mußte er seinen hochverschuldeten Vater unterstützen. In seinen Verstimmungen und gelegentlichen Verzweiflungen darüber, wie ihn die «platonischen Beziehungen zu Biondetta» gefangenhielten, kam er auf allerlei Heiratspläne. Darin von seiner Tante unterstützt, die eine Verehelichung mit der Witwe de Staël befürwortete oder eine endgültige Trennung wünschte, kam einmal die Rede auf eine gewisse Antoinette. Sie würde gleich zur Hochzeit «eine Mitgift von 50000 Schweizer Franken zu erwarten» haben und ihn aus mehreren Kalamitäten befreien. Im Brustton gespielter Selbstsicherheit notiert er zu diesem von der Familie Constant lancierten Plan: «Es ist mir klar, daß ich Antoinette haben kann, und das sagt mir zu. Es würde zunächst einmal eine Abwechslung sein. Ich wäre wieder *mein eigener Herr* in allen kleinen und sogar großen Dingen. Denn mein Herz ist so verbraucht, daß ich die Person, wer immer es auch sei, sehen möchte, die noch einmal, ohne die Voraussetzungen Biondettas, Einfluß auf mich gewinnen könnte.»

Einerseits. Doch bei ruhiger Abwägung stellte er auf der anderen Seite fest, daß diese Frau zwar erst zwanzig Jahre zählte, «so daß ich doch eine Zeitlang physisches Vergnügen bei ihr finden würde». Aber sie war in seinen Augen «nicht sehr hübsch» und schon gar nicht «brillant» oder geistig so stimulierend wie Germaine de Staël. An dieser findet er nun in seiner Auf- und Abrechnung eine Reihe von Fehlern, die ihn schon seit langem ärgern. Erstens würde sie ihn verfolgen, sollte es ihm einfallen, sich alleine auf Reisen zu begeben – ein wichtiges Mittel zum Dämpfen der Schwarzflüsse seit der Renaissance. Und zweitens «stört sie mich, wenn ich arbeiten will». Nach zehn Jahren Liaison regt es ihn auf, von

Germaine aus der Einsamkeit der Studierstube in die Öffentlichkeit des Salons gezerrt zu werden. Es regt ihn nicht mehr an, sich dauernd mit neugierigen Leuten zu konfrontieren und auch noch in allerlei «politischen Leidenschaften» auf der Hut sein zu müssen. Als naturalisierter Franzose hatte er mit seinem Wohnsitz in Paris weit weniger Probleme als Germaine de Staël, die als «Schwedin» galt und nach dem Tod ihres Mannes den vollen Botschafts-Status entbehren mußte.

Doch all diese Nachteile im Umfeld einer verblühenden Witwe, mit der «das Schauspiel einer glücklichen Ehe» kaum aufzuführen gewesen wäre, hatten auch ihre Kehrseite. Denn sollte es ihm gelingen, die junge und sichtlich wohlhabende Antoinette zu heiraten, dann mußte er von einem hochkultivierten Salon Abschied nehmen. Das ist Constant bewußt, aber er sieht darin auch eine persönliche Chance: «Ich werde ein weniger glanzvolles Haus haben, doch werde ich der erste darin sein. Ich werde weniger reich, aber unabhängiger sein ...»

Im Alter von 37 Jahren, was damals bei einer Lebenserwartung von gut 30 Jahren bereits als betagt galt, war es wohl an der Zeit, über seine prekäre Lage nachzudenken. Dabei fällt ihm besonders auf, daß er «ohne gefestigte Situation» dasteht, und das bedeutet, ohne ein öffentliches Amt und ohne eigenbestimmter Hausherr oder bestimmender Ehegemahl zu sein – von Vaterfreuden nicht zu reden. Alles, was seine Jahrgangsgenossen in adligen wie bürgerlichen Kreisen auszeichnete und öffentliche Anerkennung verschaffte, mußte er entbehren. Ohne an den unbezahlbaren Luxus einer eigenen und sachlich begründeten Meinung zu denken, beschäftigte er sich im wichtigen Jahr 1804 weniger mit der Erhebung Napoleon Bonapartes zum Erb-Kaiser auf Lebenszeit als mit verschroben wirkenden Heiratsprojekten.

Hatte sich eine Verbindung mit der jungen Antoinette schon beim Durchspielen aller Vor- und Nachteile wieder zerschlagen, so ließ er sich nur kurze Zeit später von einer «Amélie» die Zukunftspläne beeinflussen: Allem Anschein nach hatte er sie während einer «großen Soirée bei Minette» kennengelernt. Dem Geschmack und der Mode gemäß zeigten sich bei solchen Gelegenheiten die Mädchen und Frauen von ihren körperlich besten Seiten. Das freizügige Dekolleté sollte dabei jedem Heiratswilligen signalisieren, welch ein «kostbares Gefäß» ihn erwartete, wollte er sich über den sexuellen Genuß hinaus legitim vermehren und Erben in die Welt setzen: Ein Dauerthema beim Kaiser-Paar, hatte doch Joséphine noch immer keinen Nachfolger zur Welt gebracht.

Benjamin Constant, der dreißig Jahre lang das Auge für weibliche Reize geübt hatte und noch immer an der Affäre mit der «edlen Seele» Anna Lindsay litt («Ich liebe Sie wie ein Wahnsinniger»), konnte keine Koketterie entgehen. Auf der anderen Seite sparte er nicht mit Kritik, falls ihn ein materiell interessantes Objekt der Begierde enttäuschte. «Schade, daß sie alt, schwarz und mager ist.» So schätzte er die heiratswillige Amélie ein und verglich sie sofort mit der verschmähten Antoinette: «Vor allem ihre Gestalt sagt mir wenig zu. Keine Formen, abscheuliche Arme. Es ist einfach unmöglich. Ohne hübsch zu sein, und sogar mit einem weniger angenehmen Gesicht als Amélie hat Antoinette doch wenigstens die Formen einer Frau.»

Was er damit meinte, enthüllte er nach einem «Diner mit einem Haufen dummer Leute», die ihm gegen den Strich gingen und davon abhielten, sein Leben als freischwebender Gelehrter mit dem Abfassen einer religionshistorischen Schrift zubringen zu dürfen. Amélie war zugegen und wirkte auf ihn zwar charmant, aber: «Wie schade, daß sie keinen Busen hat und so mager ist wie ein Hering! Sie als Frau zu behandeln wäre nach einem Monat unmöglich, nach dem zu urteilen, was sie zeigt, und Gott allein weiß, was sie nicht zeigt!»

Er hätte es in Erfahrung bringen können, ohne deshalb

Madame de Staël

«Gott» zu werden, an den er ohnedies nicht nach Christenart glaubte. Aber Amélie wie Antoinette wäre abseits ihrer unbedingten Heiratswilligkeit bei einiger Aufmerksamkeit auch nicht entgangen, daß Constant in die Jahre gekommen war. Selbst von Germaine de Staël als unglaublich «häßlich» empfunden, gestand er Anna Lindsay, in die er zeitweise verliebt war, einige körperliche Schwächen ein: Zitternde Hände und Schweißausbrüche an fast allen Körperteilen oder Herzrasen ließen auf gestörte Nerven schließen – auch auf Zerfallssymptome als Folge seiner Opiumgenüsse. Nimmt man noch hinzu, daß er an Kopfschmerzen litt und fürchtete, sein Augenlicht könnte erlöschen, dann wird verständlich, welche Überwindung es kosten konnte, seine «halb melancholische, halb sinnliche Laune» auszuhalten – selbst auf einer entspannenden Reise wie zu dieser Zeit in einige wichtige Städte des altmodisch gewordenen Teutschland mit seinen dynastischen Haus-Staaten.

Germaine de Staël, die ihn als wahres «Teufelsweib» in einen «Teufelskreis» getrieben haben soll, wußte schon, wovon sie sprach, als sie Madame Necker de Saussure aus Berlin einiges über August Wilhelm von Schlegel zukommen ließ. Sie interessierte sich für diesen «deutschen Professor», der angeblich mehr wußte als Constant und genauso alt war wie sie selbst. Fast erschrocken über dieses Geständnis ihrer neuen Empfindung, wehrte sie sich gegen den möglichen Vorwurf, «als wäre sie keine Pariserin mehr». Demnach kein kokettierendes Weibchen, das Männer allein durch die Reize des Körpers und mit glutvollen Augen dazu bringen konnte, sich wie «Wahnsinnige» aufzuführen. Nein, davon brauchte bei Schlegel «keine Rede sein, und ein einziger Blick auf seine Gestalt wird Sie davon überzeugen, falls Sie nicht glauben wollten, was doch wahr ist: daß Benjamin mich dazu völlig unfähig gemacht hat».

Verläßt man sich auf diese Auskunft, dann hat sie nicht nur Constant in einer platonischen Hörigkeit gehalten, ihm gleichsam den eigenen Willen genommen und seine Unabhängigkeit unerträglich eingeschränkt. Vielmehr hat er ihr mit einer wohl abstoßenden Sinnlichkeit die Lust an der Liebe vergällt und sie sexuell fast frigide werden lassen.

Dieser Machtkampf mit seinen Verdrängungen, Strafmanien und Ausbruchsversuchen erklärt auch ein Stück weit die anhaltenden Überlegungen Constants, welche Lebensart seinem Dasein als Intellektuellem und «Ideologen» angemessen sein müßte. Im Gespräch mit Minette, die an einem «ziemlich ruhigen Tag ... milde gestimmt» war, entwarf er drei Modelle gelingenden Lebens. Er hielt sie für etwas «sehr Wahres» und deutete mit ihnen an, wie er sich die eigene Zukunft vorstellte. Ein «gemeinsames Leben mit gemeinsamen Pflichten und Freuden» sei all jenen Mitmenschen zuträglich, die bei einer gewissen Häuslichkeit und Stille des Daseins «sich über den Verlust unserer Person zu trösten» verstehen. Die materielle Sicherheit überwiegt in diesem geruhsamen Lebensentwurf, der Abhängigkeiten schafft und für Entfremdungen sorgt: Er ist etwas für biedere Familienväter und hat nichts mit dem «unaussprechlichen Glück der Einsamkeit» zu tun.

Einen solchen Genuß bereitet nur die «zweite Daseinsart», die auf «ein ganz intellektuelles Leben» abgestellt sein muß. Forschung verbindet sich darin mit dem Entdecken der Wahrheit: Hauptsache, die «materielle Existenz» bleibt gesichert, ohne zum einzigen Lebenszweck zu degenerieren. Denn bei diesem Entwurf geht es um ein «gehobenes Dasein» in «höheren Regionen», die es erlauben, daß «man auf diese Weise von den Menschen unabhängig ist» und «im Vollgefühl seiner Geisteskräfte» der Menschheit nützlich wird.

Fatal hingegen erscheint Constant der zeitgenössische Versuch, beide Lebensarten zu verbinden. Dabei hätten bereits die Vertreter des «stoischen Gleichmuts» in der Antike auf einer Trennung bestanden, nur um zu verhindern, daß «die geistigen Fähigkeiten ersticken».

Germaine de Staël hat sehr wohl gefühlt, was Constant im Sinne hatte. Obwohl er während ihres gemeinsamen Aufenthaltes im zerbrechenden Heiligen Reich von Weimar bis Berlin mehr als behilflich war – die berühmte Reise, von der Germaine ihre Buchidee zu «De l'Allemagne» mitbringen sollte –, entdeckte sie seine Absetzbewegungen. Mitten in den Begegnungen mit Goethe, Schiller und Wieland oder mit dem Herzog von Weimar und dem Königspaar in Berlin erfährt sie seinen Entschluß auf mehrfach verschlüsselte Weise. Am Geburtstag 1805 hat er ihn für sich selbst formuliert: «Mit siebenundzwanzig Liebe zu Minette und politische Leidenschaften. Heute glaube ich bei einer neuen Epoche angelangt zu sein, denn alles, was ich mir wünsche, ist Ruhe.»

Das war ein frommer Wunsch zur Feier des Tages und in einer radikal veränderten Welt, soweit das Politische fundamentalen Umwälzungen ausgesetzt wurde. Der Wahl-Kaiser Franz II. hatte sich nach dem Vorbild des autokratischen «Russischen Hofes» 1804 zum österreichischen Erb-Kaiser gemacht. Auch um mit Napoleon im patrimonialen Rang gleichzuziehen, der sich diesen Titel in einer pompösen Eigenkrönung am 2. Dezember 1804 bestätigt hatte. Beide Potentaten wollten mit dieser absolutistischen Steigerung des Machttitels jedem anderen Souverän sowie den Untertanen zeigen, daß sie «Herr im eigenen Haus» sind und einer dynastischen Diktatur mit Erbfolge vorstehen – einem Patrimonium (Vatererbe).

Ganz so hoch wollte Benjamin Constant in seiner persönlichen Zukunftsgestaltung zwar nicht greifen. Denn als Melancholiker war er nicht an Kindern interessiert, wohl aber an der Sicherung seiner eigenen Kopf-Geburten in Gestalt von Schriften über Gott und die politische Welt. Es genügt ihm, ein selbstherrlicher «König über die inneren Affen und Papageien» (Verlaine) zu sein und findet es zeitweise gar nicht mal übel, «meine Fesseln auch weiterhin, freilich in gelocker-

Napoleon I., Erb-Kaiser der Franzosen

ter Form, zu tragen und es wieder zu einer Unabhängigkeit im einzelnen zu bringen ...»

Sogar mit den Verlassensängsten Germaines kann er ruhiger umgehen, auch wenn er heucheln muß, niemals eine andere Frau zu heiraten. Gewiß, es gibt Zeiten, wo er sich «beschämend schwach» findet, sich insgeheim wegen seiner Mutlosigkeit beschimpft und sich gar als «Feigling» vorkommt. Doch der Gedanke, sich mittels einer Heirat von ihr zu lösen, gewinnt zunehmend an Gewicht. Dabei spielt er immer wieder bizarre Möglichkeiten durch, zumal ihn das schlechte Gewissen plagt, auf Minettes «Kosten zu leben», während er gleichzeitig ihr Lebensmodell nicht mehr nachvollziehen möchte.

«Sie will eine Liaison», schreibt er am 26. November 1805 ins Tagebuch, «zwischen einer reichen, berühmten Frau und einem Mann, der weniger reich ist als sie, ohne daß es zu einer Heirat kommt. Eine solche Verbindung muß sich für den Mann notwendigerweise nachteilig auswirken. Andererseits besteht kein Zweifel, daß ich, wenn ich sie heiratete, ihr schaden würde ... Verfolgen wir also die Linie der striktesten Moral, das ist noch immer das sicherste. Auf die bisherige Art an sie gekettet zu sein, wäre mir gegen die Ehre. Sie zur Ehe zwingen kann ich nicht, ohne ihr zu schaden. Was also tun? Sie verlassen? Ich kann es nicht, ohne sie zur Verzweiflung zu treiben ...»

In dieser und in anderen Formen verschafft er sich winzige Freiräume. 1806 hält er wieder Kontakt zu Madame Lindsay, die sich eine Ehe mit ihm vorstellen konnte, oder zu Charlotte du Tertre alias von Hardenberg, «die mein ganzes Leben verwandelte und die ich ein paar Tage lang so leidenschaftlich liebte ... nach zwölf Jahren der Trennung». Es gelingt ihm während aller Auseinandersetzungen mit Germaine de Staël, statt ins Bordell zu hetzen, eine Reihe durchaus ehrbarer Frauen «in Besitz zu nehmen». Was nur wieder die Koppelung von Sexual- und Besitztrieb bestätigte, wie der Solitär und syphiliskranke Nietzsche noch vor Sigmund Freud erkannte.

Hatte der junge Constant Freudenmädchen als Mittel benutzt, seine «tiefe Melancholie» wenigstens zeitweise zu dämpfen, so scheint ihn jetzt das wilde Genießen williger Damen der feinen Gesellschaft eher in die gewohnte Mutlosigkeit zu stürzen, ohne einen vernünftigen Ausweg erkennen zu können. Deprimiert ruft er einmal aus: «Die Frauen, die Frauen! Wie sehr wahr ist es, daß man ihnen widerstehen soll! Wie unheilvoll ist ihr Charme, wie egoistisch sind sie, ohne es zu wissen! Wie sehr opfern sie alles der Laune eines Augenblicks!»

Ob ihm Schopenhauer in dieser wirklich vertrackten Lage mit der Einsicht hätte helfen können, daß Männer stets nur «das eine» begehren, Frauen aber immer «alles»? Tatsächlich genoß Charlotte von Hardenberg, die nach fünf Jahren Wartezeit auf Constant den französischen General Du Tertre geheiratet hatte, den Sex mit ihm und bot ihre gesamte Barschaft in Höhe von 100000 Franken an – schon nach dem dritten Tag ihrer neuen Verliebtheit!

Constant staunte über das «rührende Angebot» von 1806. Aber er nahm sich vor, daraus keinen Nutzen zu ziehen. Ganz im Sinne seiner Einstellung, wenn schon nicht den Sex, so doch die Liebe um ihrer selbst willen zu gestalten, hielt er sich zurück. Durch allerlei Torheiten in der Vergangenheit auch vorsichtig geworden, spielte er die Möglichkeiten einer Verbindung mit der «hübschen» Adligen durch und lehnte ab: «Diese Frau liebt mich leidenschaftlich und ich könnte sie dazu bringen, alles zu tun, was ich will, aber wohin würde das führen? Zu noch mehr Verwirrung. Davon will ich nichts wissen.»

Vorerst nicht. Denn es dauerte nur eine Weile, bis Constant endlich herausfand, daß sein manisches Streben nach «Unabhängigkeit» an mancherlei Grenzen stieß. Auch das adlige Landleben auf seinem Gut bei Paris konnte kaum das

Charlotte von Hardenberg, Constants zweite Frau

ersetzen, was ihn permanent lockte: Neben dem hübschen und vollbusigen Weib eine Frau mit «innerem Wert». Er glaubt für einen Moment, dieses holde Wesen in Charlotte gefunden zu haben und denkt sich mit ihr eine Ehe aus, um endlich «glücklich zu werden» und «ein ruhiges, geregeltes Dasein» führen zu dürfen. Aber kaum hat er diesen Gedanken gefaßt, flüstern ihm tausend innere Stimmen zu, schon aus Kantischem Pflichtbewußtsein Germaine nicht zu verlassen und über eine «heimliche Ehe» mit ihr nachzudenken: «Es ist vollkommen klar, daß wir nie miteinander brechen werden.»

Constant wirkt müde und erschöpft, beschimpft sich als Faulpelz und gerät immer schneller in den Sog des Opiums wie der schwarzen Depression. All diese Kräfte von außen und von innen kommen ihm wie eine «Art Wahnsinn» vor, der sein ethisches Grundempfinden verwüstet. Als er dann auch noch den Tod des befreundeten Marquis de Blacons gemeldet bekommt, verstärkt sich sein Hang zum Weltschmerz. Der alte Sauf- und Bordellkumpan hatte sich im Suff erschossen und gab mit seinem traurigen Ende Constant die Gelegenheit, über die Nichtigkeit des Seins nachzudenken – mit denkbar schlechtem Gewissen. Er, der sich nach absoluter Ruhe sehnte, wurde durch alte und neue Beunruhigungen im Freundeskreis noch tiefer in die bereits wuchernde Depression getrieben. Sah er sich doch schon 1805 gezwungen, das qualvolle Sterben der alten Herzensfreundin Madame Talma aus unmittelbarer Nähe miterleben zu müssen. Eine fast wissenschaftliche «Kälte» half ihm, den zunehmenden Verfall des weiblichen Körpers zu beobachten und sich gleichzeitig in eine Liebesgier zu steigern – dem Bann der Bordelle in Paris ausgeliefert.

Eros und Thanatos begegneten sich in seinem verwirrten Dasein auf beinahe virtuose Weise, peinigten ihn bis aufs Blut und hetzten sein lädiertes Gemüt in neue Abhängigkeiten. Charlotte teilte dem ‹König der Schwermut› mit, daß sie bei deutschen Behörden ihre zweite Scheidung anstrenge, um ihn endlich heiraten zu können. Germaine de Staël wiederum traktierte Constant in Briefen mit Ungeduld und beorderte ihn von Paris nach Lausanne, wo sie nach einer heiteren Italien- und Rom-Reise wieder eingetroffen war: Während in seinem Feuerkopf ein wildes Fieber pochte.

Entnervt von Liebe und Tod blitzt in seinem Tagebuch vom 15. März 1805 ein Bekenntnis auf, das mehr über ihn erhellt als jede seiner seriösen Publikationen: «Ich stehe da wie ein vereinzelter Überrest inmitten hingesunkener Ruinen. Meine Seele ist verdorrt. Alles Gute vergeht, alles Gemeine und Rohe gedeiht und triumphiert. Für wen noch denken, schreiben, für wen leben?»

«Mein intimes Ich»

Kluge wie kokette Frauen liefern sich halbherzig aus und nehmen dabei manchen Mann ganz für sich ein. Ein flackernder Blick oder der Ansatz eines gefälligen Busens genügen oft schon, um bestimmte Männer in den «Wahnsinn» zu treiben: Ein Busen-Freund wie Constant gehörte zu diesen Anfälligen, die von ihren Illusionen nie genug kriegen können. Sollte aber neben einer lockenden Leidenschaft auch noch echte Liebe ins lodernde Spiel kommen, dann bedurfte diese Herausforderung einer sorgsamen Pflege. Wie bei einer guten und erprobten Freundschaft kam es vornehmlich darauf an, Geben und Nehmen in ein besonderes Gleichgewicht zu bringen: Ganz im Geiste dessen, was die sogenannte Goldene Regel der Bergpredigt an Rücksichtnahme und beharrlicher Geduld von jedem Beteiligten erwartet.

Mathieu de Montmorency, in den sich Germaine als junge Frau verliebt hatte und der ihr treuester Freund bleiben sollte, verstand sich auf diese Kunst des feinsinnigen Tarierens von Gefühlen und Geist. Er, der sich während der Revolution als jüngster Deputierter unter den Generalständen 1789 für die Abschaffung der Adelstitel eingesetzt hatte, sorgte sich ähnlich Constant oder Ribbing um den Adel der Seele: Dazu aber war eine Abkehr von der protestantischen Auffassung nötig, daß Geben seliger sei denn Nehmen. Montmorency, nach dem frühen Tod seiner Verlobten tief religiös geworden, hatte seit Jahren mit wachsender Unruhe beobachtet, wie Madame de Staël mit ihren Männeraffären sich immer mehr von diesem angestrebten Ideal entfernte. Obgleich sie dieser Art des Aristokratismus ihren Worten gemäß geradezu verfallen war, gelang es ihr nicht recht, Seelen- und Geistesverwandtschaft mit den Forderungen des Alltags abzustimmen. Dazu hätte «ihr so anfälliges Herz», um das Montmorency vor allem nach ihrer Krise von 1797 besorgt war, Stetigkeit gewinnen müssen – die Kraft innigen Verweilens.

Daran aber mangelte es ihr. Sie empfand sich selbst als ein Wesen des feurigen Augenblicks, des schillernden Momentes und des gleisnerischen Zufalls, der mit reflektierendem Ernst auch mit jener Vorsehung Gottes verknüpft werden konnte, wie sie Calvinisten oft genehm ist. Offen bekennt sie auch der «lieben Freundin» Necker de Saussure zum literarischen Weimar 1804: «Es kann mir nur dort gefallen, wo ich leben und sterben muß, und was für jeden von kurzer Dauer ist, ist es noch mehr für mich. Ich habe ein beständiges Herz und einen unbeständigen Geist, wofür das Land, wo ich meine alten Freunde weiß und wo die Szenen unablässig wechseln, wie geschaffen ist. Schließlich und vor allem schmückt die Phantasie das, was unmöglich ist, mit Pfeilen aus, die das Herz durchbohren.»

Nimmt man Germaine de Staël hier beim Wort, dann war sie für das Gespinst der Liebe (filure d'amour) verloren. Denn diese Kunst gedieh nicht als Hirngespinst, sondern erforderte Geduld. Es ist daher nicht verwunderlich, wenn sie in der Begegnung mit Goethe dessen «bizarres Selbstgefühl» nur schwer auf «seine Ich-Frömmigkeit» beziehen kann. Aber ohne diese Relation wird die Liebe zu einem Gespenst, sobald die Partner von allen guten Geistern verlassen werden. Bei zwei Egoisten bleibt dann am Ende nur Fremdheit oder Haß. Unter Menschen jedoch, die sich ihres Selbst gewiß sind, hilft die Achtung vor dem anderen, nach allen Enttäuschungen eine Freundschaft weiterwirken zu lassen – als Anerkennung der Gleichwertigkeit.

Bei Germaine de Staël gibt es in der privaten Korrespondenz wie in ihren Schriften und Romanen genügend Hinweise darauf, daß sie es nicht darauf abgesehen hat. Obgleich ihr Menschen teuer sind, verengt sich für sie jenseits aller Melancholie der Sinn des Lebens auf eine genuine Bereitschaft zur «Freude: Das ist Liebe, Paris oder Macht; man muß eins dieser drei Dinge haben, um das Herz, den Geist und das Tun zu erfüllen; fehlt es, ist alles übrige metaphysisch im Genuß, aber real im Schmerz. Was sagst Du zu diesem getreuen Abbild meines intimen Ich?»

Diese nicht einfache Frage stellte sie am 18. Dezember 1803 in einem Brief an den «Engel», ihren Vater Jacques Necker. Damals soupierte sie in Berlin mit Hohenzollern-Prinzen, dachte an ihre Ohnmacht vor Bonaparte und registrierte, daß auch die «Liebe» zu August Wilhelm von Schlegel wieder nur in platonischen Bahnen gehalten wurde – unter den schwachen Augen und geplagten Sinnen Constants.

Während der sich am 1. April 1804 die Fragen stellt – «Habe ich denn alle Macht über mich verloren? Was will ich, und was ist der Anlaß zu meiner Traurigkeit?» –, kann Germaine de Staël zur gleichen Zeit nicht erkennen, warum ihr ausgeprägtes ICH die Einsicht ins SELBST verfehlt. Dabei hält sie den wichtigsten Schlüssel zu ihren inneren Blockaden vor Männern in der Hand, ohne es zu merken: Sie brauchte im Grund keinen Mann für die Liebe, sie besaß ja ihren Vater.

Dessen Übermacht beschreibt sie in einem Brief an Madame Necker de Saussure. Von der Ahnung getrieben, der Vater könnte an einem Wundrosen-Fieber schweren Schaden nehmen oder gar das Zeitliche segnen, verrennt sie sich in eine Daseinsangst, obgleich der alte Herr eben wieder auf dem Weg der Gesundung war: «Ich glaube nicht, daß ich seinen Verlust verwinden könnte ... mein ganzes Leben hängt von ihm ab.» Denkt man an die materielle Seite ihres Aufwandes als Necker-Tochter, dann war diese Befürchtung begründet, schließlich gab sie «sein Geld» aus, nachdem Baron de Staël hochverschuldet gestorben war. Im Todesfall aber wurde sie patrimoniale Alleinerbin und durfte trotz Verluste des Familienvermögens in Frankreich noch über Einkünfte und Liegenschaften verfügen, die ihr den bisherigen Lebensstil sichern konnten.

Das Materielle meinte sie in diesem intim gehaltenen Schreiben auch nicht. Vielmehr ging es ihr um die Existenz an sich und deren zeitliche Bedingtheiten. Müßte Necker demnächst sterben, dann «würde mir nichts bleiben, weder in der Vergangenheit noch in der Gegenwart noch in der Zukunft ... es sei denn Verzweiflung. Das zu denken ist traurig, denn die Natur will nicht, daß man jemand so sehr liebt, der so viele Jahre älter ist.»

Eros und Thanatos begegnen sich auch hier wieder, verweisen auf ihren Ich-Wahn und zeigen, wie isoliert sie doch in ihrem wachsenden Abschiedsschmerz ist. Sie weiß sehr wohl, was der Natur ziemt, kennt auch den Trost der Stoa und vermag es dennoch nicht, das Leid mit anderen zu teilen. Und Constant, der an diesem gleichen 1. April 1804 in schwere Gedanken darüber gefallen war, wie er künftig «Aufklärung, Sicherheit und Unabhängigkeit» finden kann, ohne Germaine de Staël unglücklich zu machen, ist nicht einmal in der Lage, ihr den Tod des Vaters eine Woche später mitzuteilen: Obgleich er an Neckers Sterbebett saß und dessen Worte hörte, daß man seine abwesende Tochter «mit dem Herzen eines Vaters beurteilen muß». Constant aber war kein Vater. Er verstand sich als mißbrauchter Liebhaber, der sein Leben verrinnen sah und mit ihr ins Gericht ging. Das ichsüchtige Kultivieren «einer Eigenliebe, die von ihrem Vater nur allzusehr genährt worden ist», gehörte für ihn zum Grundbefund ihres Unglücks und seines Leidensweges: «Es ist ganz sicher, daß in unserem Bunde immer ich die zweite Geige spielen werde, zeitweilig liebevoll gehätschelt, immer jedoch der Unterdrückte.»

Entschlossen, sich von ihr keine Zeit mehr «rauben» zu lassen, geht er zunehmend auf Distanz. Er wirkt fast erleich-

August Wilhelm von Schlegel

tert, als sich Germaine de Staël am 3. Dezember 1805 aufmacht, um über Lyon nach Turin, Mailand, Rom, Neapel und Venedig zu reisen. Begleitet wurde sie von ihren drei Kindern und August Wilhelm von Schlegel, den sie als gutdotierten Hauslehrer und geistreichen Zeitvertreiber auf Dauer verpflichten konnte. Ziel dieser Bildungsreise war ein Buch über Land und Leute, das 1807 unter dem Titel «Corinne ou l'Italie» herauskommen sollte und eine ähnliche Funktion erfüllte wie das 1810 publizierte Werk «De l'Allemagne»: Durch Vergleich nicht nur sachlich aufklären, sondern auch über sich selbst einige Klarheit gewinnen.

Wie nötig ihr diese Klärung vorkam, vermittelt die Begegnung mit Vincenzo Monti, einem in ganz Italien gefeierten Dichter. Germaines Bewunderung für ihn kennt kaum eine Grenze, zumal sie überzeugt ist, daß er «keine neue Bekanntschaft» sei. Vielmehr hätten sie sich jenseits von Zeit und Raum schon lange als geistige Wesen gefunden, vereint in «denselben Gedanken» – als Seelenverwandte. Mochte hier im Lande Dantes die Dichtkunst gemeint sein, so überrascht es doch, wie sie umgeben von quirliger Vitalität besonders in Rom «vom Gedanken an den Tod ergriffen» wird. Die Todesfälle in der Familie mögen sie beeinflußt haben. Aber auch gegen die Allgegenwart des barocken «Memento mori» in der Ewigen Stadt sträubt sie sich heftig. Vor Monti beharrt sie denn auch auf ihrer bisherigen Lebensweise, die selbst Neckers materiellen Erfolg als Auserwählung Gottes auf Erden sah und mit dem barock-katholischen Totenkult als Vorbereitung auf das künftige Leben der Seele wenig anfangen möchte: «Wünschen, handeln, atmen ist inmitten all der Ruinen menschlicher Hoffnungen und Anstrengungen fast unmöglich.»

Als Genfer Calvinistin den meisten christlichen Symbolen, Bildern und Statuen entwöhnt, findet sie die Stein gewordene Begierde «nach der menschlichen Gestalt» nicht sonderlich reizvoll. Dafür aber drängt sie der brennende

Wunsch, «ein Geheimnis der Seele aufzuzeigen, eine Möglichkeit weniger zu leiden und mehr geliebt zu werden ...».

Obgleich Jacques Necker tot ist, bleibt sein Schatten und versperrt ihr den Weg, das eigene Ich zu erlösen. Diese Voraussetzung für das Erleben echter Liebe mußte allerdings mehr sein, als nur das Herz zu weiten und im Verlieben auf den ersten Blick gleich wieder zu scheuen – vor den Schlagschatten der Eigenliebe.

Dieser Mechanismus bestätigt sich, als sie Dom Pedro de Souza e Holstein kennenlernt. Auch dessen Vater, der Botschafter Portugals, war gerade gestorben. Der Tod hatte den vierundzwanzigjährigen Hocharistokraten und späteren Herzog von Palmella empfänglich, aber nicht wirklich frei werden lassen. Er macht Germaine de Staël charmant den Hof, gibt sich geistreich und läßt sich von ihren glutvollen Augen locken, bis sie das schmeichelhafte Spiel unterbricht. Sie flieht vor der «geheimnisvollen Wirkung» seines Charmes und schreibt ihm aus Florenz: «Ich bin ganz Bewegung; Sie sind ganz Überlegung ... Ihr Geist und Ihre Gefühle sind bisweilen in Ihrem Inneren gefangen. Ich werde der Ritter sein, der Sie befreit ... und ich werde mir vorgaukeln, Sie würden eines Tages der Gatte meiner Tochter ...»

Während sie selbst verzweifelt versucht, das vom Vater besetzte Ich für die Liebe zu öffnen, bietet sie anderen Menschen Lösungen aus der Märchenwelt an. Ein Ritter möchte sie sein und wird von Constant als Tyrann empfunden: «Ich bin dieses Mannweibs müde, das mich mit eiserner Faust seit zehn Jahren knechtet ...»

Was der aufgeregte Pedro de Souza von ihr als Rat zu hören bekommt, stammt vom Beginn ihres bewußt tätigen Daseins, das den nackten Rationalismus ablehnte und doch auch den Überschwang der Gefühle als Leidensdruck fürchtete. Selten gelang es ihr, den erstrebten Gleichmut zu leben und einen inneren Ausgleich im brodelnden Wesen zu finden.

Prosper de Barante, der dreiundzwanzigjährige Sohn des Präfekten des Département Léman, später von Napoleon zum Präfekten der Vendée ernannt, durfte sich im «schrecklichen Jahr 1806» davon überzeugen, daß es ein fast lebensbedrohliches Wagnis war, sich in diese Witwe zu verlieben und ihr gar mit einem Gelöbnis «das Leben zu weihen». Die mittlerweile Vierzigjährige, an Seele und Leib mit allerlei Leid geplagt, ließ es sich gern gefallen, von dem wesentlich jüngeren Mann umworben zu werden. Schließlich galt es in den Salons als chic, über größere Altersunterschiede zu lächeln. War nicht Constant in erster Ehe erheblich jünger als seine Frau? Hatte es Clemens Brentano gehindert, sich mit Sophie Mereau zu liieren, die ihn an Lebensjahren weit übertraf? Oder hatte sich Friedrich Schlegel abhalten lassen, sich mit Dorothea zu verbinden, nur weil ihr Geburtsdatum andere Leute verstörte? Und hatte nicht auch Napoleon, der 1806 von Sieg zu Sieg eilte, die ältere Joséphine geehelicht?

Germaine de Staël kannte diese Kreise und Verhältnisse seit ihrer Bekanntschaft mit der Jenaer Romantik, der das Geistvolle einer Frau wichtiger war als das aufgeputzte Weibchen. Sie spielte deshalb auch mit dem Gedanken einer Heirat, verstrickte sich aber bei Prosper de Barante in eine seltsame Mischung aus Freude und schneidender Kälte. Es dauerte auch nicht lange, bis der elegante und geistreiche Liebhaber erkannte, auf was er sich eingelassen hatte: «Was jetzt geschieht, hat mich davon überzeugt, daß ich eine zweite Ausgabe Benjamins gewesen wäre, geliebt neben anderen.» Von der eigenen Familie gewarnt, die sechzehn Jahre Unterschied zu bedenken auch im Hinblick auf Leibeserben als Sicherung adligen Fortbestehens, verweigert er den letzten Schritt und gesteht: «Sie wollten alles oder nichts; ich habe Ihnen nicht alles geben können.» Aus diesem zweideutigen Wort wird im Vergleich mit Aussagen und Beobachtungen anderer klar, daß Germaine ihn wohl in den Armen gehalten hat, aber zu einem intimen Wir es kaum gekommen ist. Er hatte seinem Vater sogar das adlige Ehrenwort geben müssen, daß er «niemals ihr Geliebter oder Gatte werden» würde. Allein schon deshalb nicht, weil er sie als eine Frau einschätzte, die «nicht den leisesten Begriff von Pflichterfüllung besitzt!».

Von Napoleon auf vielfache Weise schikaniert und durch dessen Polizeiapparat überwacht, aus Paris in die Provinz verbannt und dem Opium näher als einer dringend gebotenen Behandlung ihres angegriffenen Nervensystems, hält sie 1806 in Auxerre Hof. Umgeben von dem liebenstrunkenen Pedro de Souza, dem eifersüchtigen August Wilhelm von Schlegel, dem erregten Prosper de Barante und belauert von Sismondi, bleibt Constant nur der Sarkasmus als Ausweg: «Madame de Staël ist sehr leicht verletzt in ihrer weiblichen Eitelkeit.» Von dieser Schwäche konnte er sich mehrfach und geradezu hautnah überzeugen. Besonders als es zwischen ihr und Barante nicht zum Besten stand. Ihrer «jähen Wandelbarkeit» ausgeliefert und vom Getue des Augenblicks zunehmend genervt, näherte sich Prosper einer Herzensfreundin von Germaine – Juliette Récamier.

Dieser bald verarmten und umworbenen Bankiers-Frau, die als schöne Salon-Herrin die Geschichte des «intimen» Frankreich prägte, hat Madame de Staël oft ihr verzweifeltes Herz ausgeschüttet. In manchen ihrer zahlreichen Briefe erscheint diese «jungfräuliche» Dame wie ein Alter Ego Germaines, was nicht hindert, daß es zu Eifersüchteleien, ja Konkurrenzneid kommen konnte. So schrieb sie dieser Juliette 1810 wieder einmal einiges über ihre Verlustangst und das seit Jahren angegriffene Selbstwertgefühl als alternde Frau: «Ich fürchte, ich gestehe es Ihnen, daß Sie ihm gestatten, Sie zu lieben, was für mich eine entsetzliche Qual wäre, denn zwei meiner tiefsten Gefühle würden dadurch verletzt. Tun Sie es nicht, Juliette. Geächtet wie ich bin, vertraue ich Ihnen, und da ich Ihren Reizen weit unterlegen bin, verbietet Ihnen Ihre Großmut, sich ihm gegenüber die geringste Ko-

Juliette Récamier, 1805

ketterie zu erlauben. Nicht, daß ich fest an seine Liebe zu mir glaubte; ich habe das entsetzliche Unglück, unablässig an ihr zweifeln zu müssen …»

Hin- und hergerissen von der verlockenden Aussicht auf ein spätes Liebesglück mit einem jüngeren Mann findet sie keinen Weg aus ihrem Dilemma, den Ich-Wahn mit seiner Eitelkeit, Inbesitznahme und Eifersucht zu überwinden. Sie hätte dazu bereit und fähig sein müssen, etwas aus dem eigenen Wesen zu geben, ohne sich den Selbstwert zu vergeben. Der Ehemann, die Liebhaber und Freunde aber sollten sich ihr allein ausliefern, ohne sich wirklich mit ihren Qualitäten einbringen zu dürfen: Germaine de Staël verweigerte letztlich das Wir aus überhöhter Eigenliebe.

Diese Persönlichkeitsstruktur kann übrigens auch bei Napoleon beobachtet werden, der nach der kriegerischen Niederwerfung Preußens in der Doppelschlacht von Jena und Auerstedt (1806) im Inneren seine Diktatur festigen wollte – im bewußten Verzicht auf Drittwirkungen der Goldenen Regel. Seine Frau Joséphine bekam denn auch seine Ich- und Erbsucht hart zu spüren. Er war nämlich bald danach entschlossen, sie mit einer jüngeren Frau und «Kaiserin» zu ersetzen. Clemens von Metternich, der neue Botschafter des Erb-Kaisertums Österreich in Paris (1809), bestärkte ihn listig, die Habsburg-Prinzessin Marie-Louise zu heiraten. Sie sollte ihm nicht nur den ersehnten männlichen Erben schenken, sondern auch den Geruch des Usurpators nehmen – des Glücksritters und illegitimen Putschisten.

Mit Hilfe einer ganzen Kette eklatanter Brüche des Kirchenrechts gelang dieses Heiratsprojekt, das auch Napoleon den ersehnten Erben bescherte. Allerdings um den überaus hohen Preis, daß die Taten aus «kaiserlichem» Willen, die sein eitles Ego bestätigten, gleichzeitig jegliche Moral untergruben: Nämlich die Fähigkeit, Grenzen anzuerkennen und den anderen in seinem Selbstwert zu achten.

Die Abgründe dieses destruktiv wirkenden Verhaltens

waren Germaine de Staël wohl vertraut. Und was sie an Napoleon kritisierte, vollzog sie selber in ihrem privaten Machtbereich. Schlegel zum Beispiel hatte sie für geleistete Dienste zwar gut bezahlt, aber gleichzeitig auch gekauft, freilich ohne ihn so zu beherrschen wie Constant. Von ihrem ICH besessen, spielte sie sogar mit Heiratsplänen. Aber nicht, um in einer neuen Ehe endlich die ersehnte Ruhe zu finden oder das gemeinsame WIR zu pflegen: Sie dienten nur als Lock- und Machtmittel, um ihr lädiertes EGO zu stärken – Elzéar de Sabran und Constant zum Verdruß.

Jedenfalls verstand er ihren Machtmißbrauch so und notierte mehrfach: «Welche Schwäche! Madame de Staël merkt nicht, wie viel weniger sie gerade dadurch meiner sicher ist, daß sie mich derart tyrannisiert.»

Diese Einschätzung hätte wiederum ebenso auf Napoleon zutreffen können, der kaum wahrnahm, wie sehr er sich schwächte, je stärker sein militärischer Machtapparat wurde. Dazu gehörte auch das Polizei- und Spitzelsystem. Der berüchtigte Herzog von Otranto, Fouché, beherrschte es auf seine Art. Er riskierte dabei so manches, sogar die zeitweilige Ablösung durch Savary; vor allem gegenüber Madame de Staël bemühte er sich, die Verbannungspolitik Napoleons zu mildern. Dennoch fühlte sie sich von der Maßnahme zermürbt, nicht nach Paris reisen zu dürfen und mit Auxerre oder Rouen vorliebnehmen zu müssen. Doch all diese besonderen Belastungen, die sie als Leidensdruck empfindet, erklären nicht ihre Launen, die «Theater-Raserei» mit eigenen Auftritten als «Phädra» oder die Erzwingung eines fast blinden Gehorsams von Constant.

In einem Brief an Karl Viktor von Bonstetten vom 1. April 1807, der ihr 1793 Geld geliehen hatte, damit sie Narbonne in England aufsuchen konnte, enthüllt sie im Nachdenken über das Wesen und Wirken des Schmerzes die andere Seite ihres intimen Ich: «Jeder von uns erkennt nur in sich selbst den Menschen, doch dieser sechste Sinn, an den ich wie Sie glaube, ist der Lebenssinn; und man vermag nichts über das eigene Selbst, weil das Selbst alles ist und man nichts außer diesem Selbst besitzt, um auf das Selbst einzuwirken. Wenn ich sage, daß man nichts vermag, spreche ich von Glück, denn die Taten sind das unmittelbare Werk des Willens, und deshalb gibt es eine Moral ...»

An dieser wie an anderen Stellen ihres umfangreichen Werkes gibt Germaine de Staël zu erkennen, wie schwer es ihr zuweilen fällt, individuelle Fertigkeiten (Techne) auf einen planenden Verstand (Gnome) zu beziehen, das heißt: Dem Menschenbild der antiken Stoa gemäß das Einzelwesen mit seinen gesellschaftlichen Bedingtheiten abzustimmen. Wenige Gesellschaften waren von diesem antiken Ideal so entfernt wie die eitlen Salons im Paris unter Napoleon. Vielleicht hatte man von der Einsicht in das Wesen der «Obligatio mutua» als Inbegriff gegenseitigen Respekts gelesen. Constant, der auch seine Schwierigkeiten hatte, diesen Ansprüchen an ein «gutes Leben» (eu zen) zu genügen, meinte jedenfalls genau diese erprobte Tradition, als er am 26. April 1805 im Tagebuch notierte: «Alles hängt im Leben von der Wechselseitigkeit ab. Es ist dabei mit den Individuen wie mit den Nationen.»

Erstaunlich ist, daß er diesen fundamentalen Befund in erster Linie auf die Entstehung von Kriegen richtet und nicht den Bezug zum Frieden herstellen möchte. Die Erinnerung an seine erste Frau und die fast täglichen Kämpfe mit Germaine de Staël um die Achtung seines Selbstwertes werden ihn wohl pessimistisch gestimmt haben. Doch er blieb sich der Erfahrung bewußt, daß allein die Goldene Regel dem menschlichen Menschen zuträglich war und jede Abweichung davon den Mann zum «Monstrum» machte, die Frau jedoch zur «Furie».

Freilich gab es auch Belege für das Krankenbild einer endogenen Depression bei der alternden Necker-Tochter. Wie jene Beobachtung Constants: «Sie ist vollkommen verändert, zerstreut, fast teilnahmslos, denkt nur an sich, hört den anderen wenig zu, interessiert sich für nichts, für ihre Tochter nur aus Pflichtgefühl, für mich in keiner Weise.»

Was er aus dem Jahre 1814 festhält, ist nur das Endstadium eines schleichenden Prozesses der Verkapselung des Ich in einem Geflecht aus lauter Leiden: Wegen enttäuschter Liebe, Verbannung von Paris oder aus Sorgen um das Familienvermögen und die Versorgung der drei Kinder Auguste, Albert und Albertine.

Sieben Jahre früher versichert sie Joseph-Marie de Gérando, der von ihrem begeistert aufgenommenen Roman «Corinne» ganz trunken schien, wie «sehr ich Sie liebe». Gleichzeitig erkennt sie die Notwendigkeit, auf seine Stellung Rücksicht zu nehmen, «weil ich mich geächtet fühle». Statt die Hand zu reichen, zieht sie sich in diesem Fall zurück und begründet ihr Verhalten mit einem Aberglauben, der wenig mit den Forderungen der Aufklärung zu tun hatte: «Mir scheint, daß ich geboren bin, um zu leiden, und ich mache mir darauf eine ganze religiöse Weltanschauung. Ich werfe mir vor, leichtfertig gewesen zu sein, als es mir gut ging, ich tadele mich hart, denn ich glaube an die göttliche Gerechtigkeit, und wenn ich seit fast vier Jahren so viel geweint habe, muß ich es wohl verdient haben.»

Die von ihr selbst erkannte und zuweilen beklagte Störung, Herz und Geist nicht in eine kreative Beständigkeit bringen und halten zu können, beobachtete sie während eines längeren Aufenthaltes unter den Deutschen. Ohne darüber zu reflektieren, daß deutsche Dynasten aus Haus-Egoismus die «Herrliche Reichsstruktur» bis 1806 zerstört und zerrüttet haben, stellt sie einen offenkundigen Mangel an National-Gefühl fest. In ihrem berühmten Buch «De L'Allemagne» bemerkt sie dazu: «Der Geist der Deutschen scheint in keiner Verbindung mit ihrem Charakter zu stehen: Der eine kann keine Begrenzung erdulden, der andere nimmt unterwürfig jedes Joch auf sich.»

War diese Einschätzung aber nicht genau die Konstellation ihrer eigenen Befindlichkeit? Wo hat sie sich denn in ihrer Ich-Sucht um Begrenzungen gekümmert, die sie selbst auf Gegenseitigkeit voll in die Pflicht genommen hätten? Die Ehe mit Baron de Staël wurde «vor Gott» geschlossen und im Herzen gebrochen. Sie hatte Constant dazu gebracht, eine «lebenslange» Unterjochung zu ertragen. Schlegel nötigte sie zu einem dukatenreichen Knebelvertrag und selbst Prosper de Barante fand sich bereit, aus «Liebe» ein Gelöbnis zu beschwören, das ihn an diese Frau fesselte: Sie stand in ihrer patrimonialen Machtlust Napoleon, Zar Alexander I. oder Metternich in nichts nach.

Das Austeilen von Demütigungen war Germaine de Staël zeitweise zur zweiten Natur geworden. Aber wenigstens in der Theorie vermochte sie darüber nachzudenken, woran es denn lag, daß sie unter Freunden, in der «Liebe» und selbst als Ehefrau unentwegt ins Unglück stürmte.

Eine recht differenzierte Antwort auf diese Lebensfrage gab sie im neunzehnten Kapitel ihres Deutschland-Buches. Es trägt den Titel «Von der Liebe in der Ehe» und geht mit einem gesellschaftlichen Mißstand scharf ins Gericht, dessen Verfechter nicht einsehen wollen, daß «ein und derselbe Antrieb sozusagen zwei Herzen schlagen macht»: Gemeint ist die Fähigkeit zur Empfindsamkeit als einem notwendigen Band der Ehe, das so oft «entheiligt» wird.

Der Grund für diese gezielt betriebene Schwächung liegt ihrer Ansicht nach darin, daß «die Gleichheit vor Gott» in den Eheverträgen ihrer Zeit in eine «seltsame Ungleichheit» verwandelt wird – mit der Ehefrau als «Sklavin» und dem Gatten als selbstherrlichem Willensmenschen. «Welch ein ungerechter Vertrag!» ruft sie in ihrer Analyse aus und klagt damit die verlorene Gegenseitigkeit ein. Sie ist nur möglich, wenn sich beide Ehepartner als Treuhänder des Familienvermögens (sofern vorhanden) verstehen und alles Tun auf gemeinsame Kinder ausrichten. Versagen sie in diesem fundamentalen Bereich menschlichen Zusammenlebens, dann «wird zwischen den beiden Geschlechtern immer Krieg sein – ein geheimer, ewiger, listiger, meineidiger Krieg, bei welchem die Moralität beider leidet».

Germaine de Staël erkennt die Ursache und den Grad der Vereinzelung als Ausdruck einer steigenden Verwüstung des menschlichen Gemüts, bis es so «farblos ist wie ein Gespenst, das die Nacht verkündet». Sie spricht hier aus Erfahrung mit dem Baron de Staël, dem sie nach eigenem Bekunden oft Unrecht getan hat. Wohl auch deshalb, weil er als Mann und damit als «die edelste der Kreaturen» sein «Vorrecht einer natürlichen Überlegenheit» nicht recht zu gebrauchen wußte.

In ihrem hermetischen Ich-Verständnis hätte sie von ihm als Lebenspartner erwartet, daß er ein Freund ist, «dessen sämtliche Angelegenheiten die unsrigen sind, dessen Aussichten ohne Ausnahme auf uns übergehen». Gleichwertigkeit im Lebensziel erwartet sie, muß jedoch erleben, daß Täuschungen vorherrschen und «wie ungerecht der Tausch ist, welchen sich die Lebensgefährtin nach dem Willen des Mannes gefallen lassen soll». Dagegen wehrt sie sich und findet in den «Beklemmungen und Genüssen der Eigenliebe» den Urgrund dessen, was sie das «ganze Gewebe leichtfertiger und lügenhafter Zuneigungen» nennt – demnach die lasterhaften Künste fortgesetzten Betrugs selbst und gerade in der Liebe.

Germaine de Staël empfindet sich in dieser wie in anderen Passagen ihres von Deutschland geprägten Sittengemäldes als Moralistin, die weiß, daß «die Stärke des Gemüts die Tugend ist». Von dieser ist ihr aber auch bekannt, daß sie fortwährend eingeübt werden muß und keinem natürlichen Trieb folgt: Es sei denn, man glaubte an die Lehre der Antike, daß das Empfinden für Gerechtigkeit jeder Menschenseele eingeprägt bleibe, wie sehr auch Mitmenschen diesen Anspruch mit Füßen treten.

Germaine de Staël war sich bewußt, daß, «was vor zweitausend Jahren in moralischen Dingen wahr war, es auch jetzt» sein mußte. In dieser Hinsicht stand sie auf dem Boden der 1789 verkündeten Menschenrechte als «unveräußerlichen und unverjährbaren» Qualitäten, die überall auf Erden erkämpft sein wollen.

Trotz dieser Forderung ist sie aber nicht für die Emanzipation der Frau eingetreten, sofern diese sich vom Mann isolieren würde. Ganz im Gegenteil! Sie weist nachdrücklich darauf hin, daß man «mit Recht die Frauen von den politischen und bürgerlichen Angelegenheiten ausgeschlossen hat». Denn die Bestimmung der Frau als anhaltende «Hingabe an die eheliche Liebe» erfordere ihr ganzes menschliches Wesen: Es bestätige sich aber nur dann, wenn der Ehe- und Lebenspartner fähig sei, den Lohn für diese «Aufopferung» zu entrichten – «die gewissenhafte Treue».

Aus eigener leidvoller Erfahrung wußte sie, wie schwierig das in einer ständischen Gesellschaft sein mußte, der das Treuhandwesen aus dem Rittertum lästig schien. Eine Tugend, die sie an den Deutschen vor 1806 bewunderte, ohne recht zu ahnen, daß gerade ein solches Lob den Doppelmoralisten Napoleon zur Weißglut reizen konnte. Er, der Germaine de Staël zur «Staatsfeindin» erklärte, weil sie in ihren Büchern kein Wort über ihn verlor – die schlimmste Kränkung für einen eitlen und eifersüchtigen Machthaber –, war sich in dieser Hinsicht sehr sicher. Selbst im Verstoß gegen die eheliche Treue ertappt, die er von anderen seit dem Code Napoléon (1804) erwartete, zurrte er zurecht, was ihm als Idealzustand vorschwebte: «Es gibt nur eine Sache, die nicht französisch ist. Wenn nämlich eine Frau machen könnte, was ihr gefällt.»

Damit war er bei der Necker-Tochter an die Richtige geraten. Ihrem Sohn Auguste, der sich für seine Mutter einsetzen wollte, donnerte er am 30. Dezember 1807 entgegen, als er von den Absichten der schreibenden «Schweizerin» erfuhr:

«Literatur, sonst nichts? Darauf falle ich nicht herein. Man kann Politik machen, indem man über Literatur, Moral, Kunst, über irgend etwas spricht. Frauen sollten beim Stricken bleiben.»

So einfach machte es sich Benjamin Constant zu diesem Zeitpunkt nicht. Eine bedrohliche Erkrankung seiner heimlichen Geliebten Charlotte von Hardenberg trieb ihn zu Rasereien und einer Verlustangst, die kaum noch zu übertreffen war. Er bezichtigt sich verschiedener «Verbrechen», beschwört die göttliche «Vorsehung», als sei er kein Atheist mehr und muß sich mit dem Ansinnen herumschlagen, doch endlich Madame de Staël zu ehelichen. Alles hätte sie in dieser Zeit getan, nur diese Torheit nicht. Denn es war Ende August 1807 zu einer folgenschweren Begegnung gekommen, die ihre «Beziehung» nahezu beendete. Constant hatte ihr einen Heiratsantrag gemacht. Sie aber schäumte vor Wut, rief ihre Kinder im Schloß Coppet herbei und tobte vor aller Augen: «Seht hier den Mann, der euere Mutter ruinieren will, indem er sie zwingt, ihn zu heiraten!»

Qual ohne Ende?

Was für eine Szene! Gäbe es jemals ein Theaterstück oder gar einen Film über dieses bizarre Gespann unterm Joch einer «magischen Macht», dann müßte Germaines Auftritt von 1807 ein Höhepunkt sein. Käme dabei das Augenmerk nicht von ihrem entblößten Busen los oder vom durchwühlten Haar, auch nicht von ihren hysterischen Schreien, so bliebe der analysierende Verstand manch eines kundigen Betrachters doch an der Idee haften, die bereits Blaise Pascal nachdenklich gestimmt hat. In seinen «Geometrischen Gedanken» ruft er sich die Eigensucht des Menschen in Erinnerung und stellt dazu fest: «Das ist ein furchtbar Ding, zu spüren, wie alles entgleitet, was man besitzt.»

Allen Aufwallungen zum Trotz kam der Konflikt zwischen Germaine de Staël und Constant hier zu seinem Kern. Die extrem ich-süchtige Necker-Tochter wollte den unbequemen, aber ständigen Begleiter und geistigen Anreger nicht aus der Verfügung entlassen, um ihn in den Armen einer anderen Frau liegen zu sehen. Ihr Besitzdenken war in diesem Fall so ausgeprägt, daß Constants Begriff von der «Knechtschaft» kaum übertrieben sein konnte, bewachte sie doch jeden seiner Schritte, ob im Schloß Coppet, auf Reisen und selbst bei Gedankenflügen. Er haßte «die Verfolgungen durch Biondetta … dieser ewige Stachel in meinem Fleisch. Der hartnäckige Egoismus, mit dem sie glaubt, ich sei einzig dazu da, ihr mein ganzes Leben zu opfern, empört und verletzt mich. Indessen leide ich unter ihrem Schmerz, und die Gewaltsamkeit, die notwendig sein wird, um auch nur das geringste zu tun, was ihr nicht paßt, erschreckt mich im voraus.»

Was er am 19. April 1805 seinem Tagebuch anvertraute, konnte ähnlich schon zehn Jahre früher und auch zehn Jahre später gelesen werden. Das Wort von der «Teufelin» floß ihm stets dann aus der Feder, sobald ihn Germaine in aller Geschäftigkeit und Besitzinteresse daran hinderte, sein Eigen zu sein. Ein Husten jedoch genügte, um alle Fluchtpläne auf der Stelle zu stornieren; ein Seufzer aus ihrer wogenden Brust reichte aus, sofort innezuhalten und im «Gefängnis» der Loyalität auszuharren; ein Schrei, gespielt oder in echter Not ausgestoßen, ließ jeden Gedanken fallen, je ihrem Zugriff zu entkommen: «Ich kann tun, was ich will, ich muß mich mit dieser Liaison abfinden, ich kann sie nicht beenden.»

Das Erstaunliche an dieser Hörigkeit kam nicht aus seiner sexuellen Fixierung auf Germaine. Sie leitete sich auch nicht von materiellen Abhängigkeiten her, obwohl Constant in ihrer Schuld stand. Vielmehr nährte sie sich aus einer seelisch bedingten Sehnsucht nach dem Bewahren einer geistig angelegten Ganzheit, die ihn zu dem Bekenntnis veranlaßte: «Minette ist ein Teil von mir; ich kann sie nicht aus meiner Existenz herausreißen.»

Es genügte ihm also nicht, sie bei aufkommender Langeweile einfach mit einer anderen Frau zu ersetzen. Denn er brauchte sie als eine emotionale Ergänzung seines melancholischen Wesens, das nicht immer mit Arbeit betäubt werden konnte. Selbst die dauernden Reisen und ermüdenden Bewegungen zwischen Paris, Coppet und zahlreichen Städten des 1806 untergegangenen Heiligen Reiches mochte er nicht entbehren, gehörten sie doch zur gezielten Dämpfung des «Schwarzflusses». Dennoch ist nicht zu übersehen, daß er seit der Wiederbegegnung mit Charlotte von Hardenberg verstärkt das «schreckliche Nomadendasein» von Germaine beklagt und mit dem Gedanken spielt, die ehemalige Geliebte so bald als möglich zu heiraten, «wenn sie frei werden kann».

Als Madame Du Tertre taucht sie ab 1805 immer häufiger

in seinen Tagebüchern auf und damit auch die Beschäftigung mit einem Ende des Schreckens, den ihm Germaine in allerlei Varianten und Finessen fast täglich zumutete. Als ein besonderes Mittel zu der ersehnten Befreiung setzte er seine sexuelle Gier ein, die in allen Aufzeichnungen zu täglichen Betätigungen ein signifikantes Kürzel erhielt: «1 bedeutet Liebesgenuß; 2 Verlangen, die ewige Fessel zu zerreißen, von der so häufig die Rede ist; 3 Rückkehr zu dieser Bindung infolge von Erinnerungen oder irgendeiner momentanen Verzauberung ... 8 Heiratsprojekte ... 13 Ungewißheit in bezug auf alles ...»

Die Bewegungen Benjamin Constants innerhalb der gewählten siebzehn (17) Code-Begriffe für das Tagebuch machen deutlich, daß er aus dem Zustand innerer Zerrissenheit nicht herauskam, was immer er auch anstellen mochte. Dennoch gelang ihm eine Kunst des Oszillierens zwischen zwei Polen, die Spannungen erzeugte und dem Ellipsen-Denken der Romantik entsprach. Da jammert er gegen Madame de Staël über «das Joch des herrschsüchtigsten Wesens, das es jemals gegeben hat» und bestaunt zugleich sein «verrücktes Bedürfnis nach Unabhängigkeit». Nur ein paar Sätze weiter vermerkt er zu seinem vierzigsten Geburtstag: «Mein Herz ist von Charlotte erfüllt. In meinem Kopf herrscht ein toller Wirbel, und die andere Verpflichtung wird mir täglich fremder und bedrückt und quält mich. Mit Charlotte diniert. 1. Sie sanft und glücklich ... Ich bin unglücklich!»

In diesem Stil füllt er Seite um Seite bis zum Überdruß an sich selber. Er fühlt sich von dieser auflodernden Liebe wie betäubt, kann das überbordende Gefühl nicht recht fassen, hält sich gar für verrückt und gesteht, daß er dem Alkohol zuspricht – einem «Rausch der Sinne» ausgeliefert. Die Ekstase mit Charlotte läßt ihn fiebern, Heiratspläne schmieden und an eine Zukunft denken, die ihm endlich die ersehnte Arbeitsruhe verschafft. Aber kaum hatte er sich sein Luftschloß aus allen «Träumereien» zusammengesetzt, zerfällt es auch schon wieder beim Gedanken, er könnte sich im Hafen der Ehe allzusehr langweilen: «Ich habe Todesangst davor.»

Unzählige Anläufe, sich von den Obsessionen der Madame de Staël zu befreien, den Lockungen der Madame Lindsay zu widerstehen, die Geilheit auf Madame Récamier zu bekämpfen und dem Charme Charlottes nicht ganz zu verfallen, zermürben ihn. Während sein politischer Gegner Napoleon von einem Sieg zum anderen stürmt und halb Europa diktatorisch unterwerfen kann, hadert er mit seinem «Schicksal», von Frauen «geliebt» zu werden, die er nur bedingt akzeptiert. Gefällt ihm bei Germaine der füllige Busen und das hohe Maß an Geistigkeit (Esprit), so stößt ihn ihre absolutistische Herrschsucht ab. Charlotte wiederum lockt ihn mit Sanftmut und ausgiebigem Sex. Dafür fehlt es ihr an literarischem Können und philosophischem Interesse. In all diesen zuckenden Gedanken an schwindenden Genuß und erlebtes Glück pocht auch noch die Vorstellung von einer Vollendung seiner Autorschaft zugunsten des politischen Liberalismus wie der angefangenen Religionsstudien. Kein Wunder, daß er am 5. Dezember 1806 stöhnt: «Mir wären Arbeit und Einsamkeit viel lieber als alle Frauen und sämtliche Liebeserlebnisse der Welt.»

An diesen frommen Wunsch hat er selbst nicht recht geglaubt. Denn nach jeder inneren wie äußeren Entfernung von der «Furie» de Staël plagt ihn ein schlechtes Gewissen. Tausend Grübeleien setzen ein, der Kritisierten doch Gerechtigkeit widerfahren zu lassen. Mitten im Nachgeben tauchen dann wieder andere Bedenken auf, reitet ihn die Sehnsucht nach Charlotte oder reizt ihn «das Gerücht einer Heirat Madame de Staëls mit Elzéar».

Und warum sollte sie auf einen «hörigen» Gefährten verzichten, der sie in ihrer Herrschsucht stets bestätigte und so gern zu Kreuze kroch – allen verbalen Protesten zum Trotz?

Gerade in ihrem hysterischen Auftritt 1807 durchlebt er nicht nur eine «Qual ohne Ende». Er steht auch vor einem

Faszinosum, das kaum erklärbar ist. Da wälzt sich eine Frau am Boden, reißt sich die Kleider vom Leib und verschreckt ihre drei Kinder, nur um das zu festigen, was ihr selbst keinen Lebensgenuß verschafft – die Verfügung über einen «Schatten».

Am Tag nach dieser aufwühlenden Szene schreibt er zwar «alles ist also aus». Aber im gleichen Atemzug versteht er es nicht, sich vorbehaltlos hinter Charlotte von Hardenberg zu stellen, denn «meine Seele bleibt zerrissen». Ja er fürchtet gar, «am Ende Charlotte zu verlieren», tröstet sich zum Schein beim Alkohol und genießt den Sex mit ihr, bis ihm am 30. Oktober 1807 wieder das innere Doppelgesicht erscheint: «Ich liebe im Grunde Madame de Staël von ganzer Seele. Aber Charlotte ist so sanft, sie liebt mich so aufrichtig, und die andere ist in ewiger Erregung. Nun überlassen wir alles der Zeit! Was im Buche des Schicksals steht, wird sich erfüllen.»

Nur ein paar Monate nach der schweren Krise schrieb sie ihm denn auch aus Wien einen ihrer schönsten Briefe. Darin bot sie ihm Herz und Leben an, erinnerte an das Glück, das die junge Albertine wie sie selbst ihm stets gewährt haben und fügte hinzu: «Dieses Jahr will ich Tag und Nacht arbeiten; vielleicht wird das meiner Seele gut tun; doch die wahre Wohltat meiner Seele liegt für mich darin, daß Sie zärtlich zu mir sind; ich wünsche mir nichts als das ...»

Dieses Zeichen inniger Seelenverwandtschaft schien Ausdruck einer niedergeschlagenen Stimmung zu sein, die durch eigene Ermunterungen gehoben werden sollte. Schließlich war Germaine de Staël während ihrer Reise über München nach Wien nicht sonderlich gut behandelt worden. Die feine Gesellschaft in beiden Städten machte sich über ihre auffallende «Häßlichkeit» lustig, ohne recht erkennen zu wollen, was die «Schönheit» ihrer weltoffenen Seele zu bieten hatte: Vornehmlich einen Eigenwillen, der unter den Feldzeichen Napoleons bei anderen schwer angeschlagen war. Zeitweise wurde sie in Wien sogar verdächtigt, eine «Agentin Napoleons» zu sein, obgleich sie an ihrer oppositionellen Gesinnung keinen Zweifel aufkommen ließ. Statt die Musikkultur unter Haydn und Beethoven zu genießen, ging sie mit ihren Kindern lieber ins Kasperle-Theater und deklamierte auf adligen Hausbühnen verschiedene Stücke – Hohn und Spott preisgegeben.

Völliges Unverständnis für angebrachte Selbstkritik ließ sie auch nicht bemerken, wie sehr ihre offene «Liebe» zu dem jungen Grafen Moritz O'Donnell diesen kompromittierte. Vor allem ihr ungebührliches Benehmen erregte in Adels- und Hofkreisen Naserümpfen, war man doch ein so freches Mundwerk nicht gewöhnt. Germaine de Staël ertrug alle Sticheleien und Seitenhiebe, knüpfte wichtige Kontakte zu hohen Vertretern des zaristischen Rußland und klärte den drängenden wie unerfahrenen O'Donnell auf: «Es gibt Menschen, deren Wesen man nicht nach ihrem Benehmen in Gesellschaft beurteilen kann: So gern ich Gesellschaft habe, so bin ich doch eine einsame Natur. Wüßten Sie, wie weh Sie mir getan haben. Sie würden es bedauern.»

An dieser Selbsteinschätzung gibt es kaum einen Zweifel. Denn bei aller Freude an lärmenden Festen, die Eitelkeit kitzelnden Theater-Aufführungen und feucht-fröhlichen Soireen liebte sie doch auch die Zurückgezogenheit, geistige Einkehr und Zeiten kreativer Ruhe: Ein Leben, das sie mit Constant verband und von vielen in der gehobenen Adels-Gesellschaft nicht recht wahrgenommen oder verstanden wurde.

Wie sollte sie es auch in Coppet, dem zeitweiligen Kultur-Zentrum Europas, oder anderswo lange aushalten, ohne das Ruhebedürfnis Constants zu genießen? Nur weil da eine andere Frau in sein Dasein getreten war? Von der hieß es bei ihm immer häufiger: «Ich erwarte Charlotte. Abend mit ihr. 1. Unerhörte Mischung aus Lust und Schmerz. Die köstlichste Nacht meines Lebens. Ihr Geist ist voller Anmut, und niemals hat man mich geliebt, wie sie mich liebt.» Zieht man Constants Neigung zum Überschwang ab, dann gab es wohl keine echte Möglichkeit mehr, sich mit Germaine in der bisherigen Weise zu arrangieren. Schließlich wollte er nicht mehr seinen sexuellen Notstand mit Bordellbesuchen beheben. Er sehnte sich vielmehr nach einer sinnlichen Frau, der er «treu sein konnte» und die ihm jede schöpferische Ruhe gönnte – abseits der Salons mit ihren politisierenden Gecken und gelangweilten Frauen.

Im Bewußtsein des drohenden Verlustes bittet Germaine de Staël denn auch die liebeskranke Herzensfreundin Madame Récamier, ihren Charme auf Constant wirken zu lassen: «Alle Triumphe und Auszeichnungen in der Welt sind weniger wert als Coppet, wenn er dort ist. Ich versuche, mich zu zerstreuen, weil er mich schlecht behandelt; aber in meinem Herzen ist eine Wunde, und ohne Übertreibung kann ich sagen, daß ich sterben würde, wenn er mich verließe...» Aber wie konnte sie mit solchen Drohungen einen Mann erreichen, der fest entschlossen schien, Charlotte von Hardenberg nach ihrer Scheidung heiraten zu wollen? Alles Häßliche zog er jetzt zusammen, um den Keil der endgültigen Trennung so tief zu treiben, daß es keine Rückkehr zu vorherigen Zuständen mehr geben durfte. Und doch wird er wieder schwankend, ruft den lieben Gott an, er solle ihn «von den Folgen meiner falschen Berechnungen erretten» und stellt am 11. Dezember 1807 all seine Pläne auf den Kopf: «Ich werfe mich vor der Vorsehung in den Staub und erflehe Vergebung für meine Verbrechen, Fortsetzung meiner Freundschaft mit Minette und eine schmerzlose Trennung von Frau von Hardenberg ...»

Eine Reihe von Ohnmachten jedoch, die Charlotte «wie tot» erscheinen lassen, reißt Constant in die Wirklichkeit zurück. Er muß sich endlich der Situation stellen, daß er nicht gleichzeitig auf zwei Hochzeiten tanzen kann und sich zu entscheiden hat. Zum Glück erholte sich Charlotte von Hardenberg «nach Aderlaß und Opium» wieder. Sie kam auch bald leidlich zu Kräften, ohne ihm jedoch die anstehende Entscheidung erleichtern zu können. Verwirrt und ziemlich ratlos hält er unter dem 17. Dezember 1807 in seinem Tagebuch fest: «Es geht weiter bergauf. Haben uns über ihre Pläne unterhalten. Sie hat keinerlei Vertrauen mehr. Ich verstehe es, möchte aber doch, daß sie mir sechs Probemonate gewährt ...»

War das eine Finte? Ein letzter Versuch, sich um einen Entschluß zu drücken, der nach all den Jahren des Gejammers überreif zu sein schien? Nimmt man Constants Näherungen an den Pietismus ernst, die in dieser Zeit sein Gemüt bewegen konnten, dann enthüllt sich sein Ringen als Ausdruck einer inneren Läuterung. Doch sein sprunghaftes Wesen verwehrt die Ruhe, eine eigene Nachdichtung von Schillers «Wallenstein» zu vollenden. Selbst mitten in einem «grauenhaften Schnupfen, der mir alle Denkfähigkeit raubt», meldete sich die Qual der Wahl. Ende 1807 fühlte sich Constant in einem seelischen und körperlichen Zustand steigender Wirrnis. Er wird ihrer kaum Herr und flüchtet sich in die Aufbereitung der Geschichte, als könnte er damit die persönliche Vergangenheit besser meistern. Noch ist er am Ausgang dieses bewegten Jahres auf dem Weg zu einer neuen Klarheit besonders im Hinblick auf Madame de Staël. Aber mit jedem Innehalten der Gedanken wachsen auch die Unsicherheiten, die durchlittene Qual wirklich zu beenden: «Ich habe alles versucht, mich mit dieser naturwidrigen Beziehung abzufinden. Was soll ich tun, und was wird aus mir werden?»

Er stürzt sich in Arbeit und hofft dabei, den Schlagschatten der Melancholie wenigstens ein Stück weit dadurch zu entkommen, daß er sich als «Schweizer» an den Vergleich zwischen französischem und deutschem «Nationalwesen» wagt. Ein Unterfangen, dessen Kern Schillers «Wallenstein» bildet. Das Ergebnis soll zwar die Umdichtung für die Bühne

WALLSTEIN,

TRAGÉDIE EN CINQ ACTES ET EN VERS,

PRÉCÉDÉE

DE QUELQUES RÉFLEXIONS SUR LE THÉATRE ALLEMAND,

ET SUIVIE

DE NOTES HISTORIQUES,

PAR

BENJAMIN CONSTANT DE REBECQUE.

A PARIS,

CHEZ J. J. PASCHOUD, Libraire, Quai des G.^ds-Augustins, N.° 11, près le pont S.-Michel.

A GENÈVE,

CHEZ le même Libraire

1809.

und den «Geschmack» der gebildeten Franzosen sein. Gleichzeitig aber will Constant zu einer menschlichen Konstante vordringen und erkennen, was ihn selbst umtreibt und in ständig wiederkehrender Spannung hält. Es gibt hier Hinweise genug, daß ihm die Wallstein-Dichtung einer Privat-Analyse dient und nicht dem Bedürfnis, der abgelebten Geschichte anhand verfügbarer Quellen auf den Grund zu gehen. Der historische General Wallenstein wird eher als Inbegriff ersehnter «Unabhängigkeit» verstanden und keineswegs als eidbrüchiger, fahnenflüchtiger Raub-Mörder, der er in Wirklichkeit war. Das Verklärende der Poesie wird Constant wie den Vertretern des deutschen Idealismus wichtiger als das Entzaubern nach Niebuhrs kritischer Methode. Er sucht in seiner privaten Bedrängnis durch zwei vollkommen gegensätzliche Frauen eine Lösung im dramatischen Theater und nähert sich dabei dem romantischen Autor von Schauerdramen, Zacharias Werner, der einmal von Madame de Staël geschwärmt hat: «Ihr Körper, ohne nymphenhaft schlank zu sein, ist wollüstig schön ... Man vergißt alles zu Rügende über ihren herrlichen Augen, in denen eine große göttliche Seele nicht nur strahlt, sondern feuerflammt.»

Constant hatte diese «Magie» vergessen und dem ewig weibergeilen Werner das Schwärmen nachgesehen. Erhellender kam ihm allerdings dessen Auffassung vom Drama vor, Geist und Humor im menschlichen Herzen mit einer «traumhaft-trunkenen Schwermut» zu verbinden. An dieser Qual, für beide Ansprüche eine «hochentwickelte Form» zu finden, rieb er sich seit 1807 ebenso wie an dem schlechten Gewissen – Charlotte und Germaine gegenüber.

Im Bewußtsein, daß eine Lösung allein noch keine Lösung sein konnte, verlegte er sich aufs Dämpfen der gereizten und traurigen Gemüter. Charlotte von Hardenberg gab er schließlich fast auf den Tag genau nach sechs Probemonaten am 8. Juni 1808 das Ja-Wort: Jedoch nur heimlich und in Gegenwart eines reformierten Geistlichen. Die Scheu vor der Öffentlichkeit betrachtete er als Schutz und die kirchliche Trauung bedeutete ihm als religiös vermittelte Bindung ein hohes Vertrauen in die Gegenseitigkeit. Diese hehren Werte galten allerdings im säkularisierten Frankreich dann wenig, wenn den Gesetzen des «Code Napoléon» Genüge zu leisten war. Im Klartext: Benjamin Constant und Charlotte von Hardenberg waren nach Maßgabe dieses Gesetzbuches nicht verheiratet!

Selbst in diesem Bereich vermochte es der zerrissene Schweizer also nicht, seine beiden Seelen in der Brust auf einen gemeinsamen Nenner zu bringen. Sein Kampf nahm zuweilen tragikomische Formen an und brachte ihn gar in die Nähe des Wernerschen Gefühlskitsches. So versteigt er sich bei der Analyse der Thekla-Figur in Schillers «Wallenstein» zu einer Polarität der Ansichten über das Wesen der «Liebe», die mehr über ihn selbst aussagt, als ihm wohl genehm sein konnte. Seiner Ansicht nach sehen die Franzosen «in der Liebe nur eine Leidenschaft». Ihre Wirkung sollte vornehmlich darin bestehen, eine «Verwirrung des Verstandes» anzurichten. Kurz: «Zweck ist es, uns Genüsse zu verschaffen. Die Deutschen aber verstehen die Liebe als etwas Religiöses, Geheiligtes, eine Emanation der Gottheit selbst, eine Krönung des menschlichen Daseins auf Erden, ein geheimnisvolles, allmächtiges Band zwischen zwei Seelen, die einzig füreinander da sind. Im ersteren Fall ist die Liebe etwas, was Mensch und Tier, im letzteren aber, was Mensch und Gott gemeinsam haben.»

Eine ähnliche Projektion findet sich auch in Germaine de Staëls Schrift «De l'Allemagne», an der sie zu dieser Zeit arbeitete. Sie geht im wesentlichen zwar auf eigene Beobachtungen oder Erfahrungen zurück, vollzieht aber auch, was Charles de Villers in einem Buch zu diesem Thema 1806 zusammengetragen hat. Es ist der Versuch, polare Zuordnungen in der Natur ausfindig zu machen, um auf diese Weise ganze Völker begrifflich vereinnahmen zu können.

DE

L'ALLEMAGNE,

PAR Mme LA BARONNE

DE STAËL HOLSTEIN.

SECONDE ÉDITION.

TOME TROISIÈME.

A PARIS,

CHEZ H. NICOLLE, A LA LIBRAIRIE STÉRÉOTYPE,
rue de Seine, n° 12.
CHEZ MAME FRÈRES, IMPRIMEURS-LIBRAIRES,
rue du Pot-de-Fer, n° 14,

M. DCCC. XIV.

Hohen Erkenntniswert hatten solche Spielereien jedoch nicht. Dafür förderten sie Vorurteile aus Unkenntnis und lieferten das Material für zuweilen groteske Fehleinschätzungen im privaten Umgang wie im Verhältnis zu benachbarten Nationen.

So wie Constant auf dem Höhepunkt der Krise mit Charlotte und Germaine eingesteht: «Ich kannte die Herzen der Frauen nicht», so ergeht es ihm auch beim «Wallenstein». Ohne rechte Quellenkenntnis quält er sich zu einer Erklärung, die noch heute die Publizistik belastet, sobald ihre Vertreter aufgefordert werden, kurze Charakteristiken zu liefern: Im Geiste Constants kann es dann heißen, «daß die Deutschen das Gefühl als Grundlage der Moral ansehen, während für uns die Vernunft diese Basis abgibt». Als ob nicht auf beiden Seiten des Rheins und in anderen Gegenden Europas der Dekalog, die Ethik des Aristoteles, das Römische Recht und die Goldene Regel die Maßstäbe der Moral gesetzt hätten! Oder mit Madame de Staël ausgedrückt, die zur Zeit der «Verheiratung» Constants an den Fürsten Charles-Joseph de Ligne aus Coppet schreibt: «Die meisten Menschen verstehen es nicht, das Reale und das Ideale miteinander zu verbinden ...»

Darin sah sie ihr Anliegen, in scheinbaren Gegensätzen etwas Gemeinsames zu finden und es in Pflege zu nehmen. Das ist ihr allerdings bei der Liebe zu Constant nur in Ansätzen gelungen. Wie schwer sie daran trug, selbst das Wenige an Seelenverwandtschaft zu bewahren, das nach der Trennung geblieben war, zeigen ihre verzweifelten Bemühungen, Constant an sich zu fesseln. Dabei trieb sie Charlotte von Hardenberg bis an den Rand des Freitodes, den diese mit Gift herbeizwingen wollte. Ihre Rettung in letzter Minute bringt Germaine de Staël zwar zum Einlenken, isolierte sie jedoch. Weder Prosper de Barante noch O'Donnell oder die Verehrung des Fürsten de Ligne können ihr dabei behilflich sein, die angestaute innere Leere zu füllen. Wie auf den Tod erschöpft gesteht sie Constant ein gutes Jahr nach dessen heimlicher Heirat: «Ich bin jetzt ein Mensch zuviel auf Erden und vor allem mir selbst bin ich zuviel ... Alles ist tot in mir: Freunde, Kinder, Gedanken, Sonne, alles ist Ausdruck des Leids.»

Dieses Eingeständnis und der Vorwurf an Constant, daß er ihr gegenüber die Liebe in eine Art Todesstachel verwandelt hätte, verstärkten die immer kürzeren Phasen «tiefer Melancholie». Obgleich sie sich immer wieder bemühte, ihn wenigstens teilweise zurückzugewinnen, vertröpfelten die eingesetzten Energien. Außerdem nahm sie ab 1809 verstärkt die hohe Politik in Beschlag. Das Ausweichen vor Napoleon, der Talleyrand zum Rücktritt vom Posten des Außenministers genötigt hatte, nach Sankt Petersburg und Stockholm beschäftigte sie mehr als die schmerzhafte Trennung von Constant. Denn mit dem Einfluß auf den General Bernadotte, der beinahe König von Frankreich geworden wäre und dann König von Schweden wurde, kehrte sie in ein belebendes Element zurück, zu dem Constant keinen rechten Zugang finden wollte – im Schlagkreis politischer Macht lebte sie auf.

Ihr Grundempfinden, in bestimmten Situationen ganz oben gebraucht zu werden, um bestimmte Weichen zu stellen, bestätigte sich, als sich die Mächte-Koalition bildete, die Napoleon bald militärisch und politisch niederringen sollte. Dabei stärkte sie wider Erwarten das europaweite Echo auf ihr Buch «De L'Allemagne», das dem korsischen Diktator über den halben Kontinent mehr geschadet hat als manch eine Schlacht, die von ihm verloren wurde. «Unpolitisch» verfaßt, wirkte es in hohem Maße politisch, wurde doch dem «Herrscher der Welt» ein Spiegel vorgehalten, was er an Unmoral duldete und wie er besiegt werden konnte – am Ende aller Qual. Napoleon selbst verstand sehr wohl, welch ein Gegner ihm mit dieser Publikation erwachsen war. Er lehnte es deshalb auch ab, auch nur einem Annäherungsversuch nachzugeben und das von ihm erzwungene Exil aufzuheben oder ihr gar die 2 Millionen Livres aus dem väterlichen Vermögen zu erstatten, die Jacques Necker der maroden Krone Frankreich geliehen hatte.

Nein, die von Germaine de Staël heftig beklagte Qual mit der Weigerung Napoleons, nach Frankreich und Paris zurückkehren zu dürfen, sollte alle publizistischen Erfolge überdauern. Selbst als Constant unter dem Datum des 9. April 1814 im Tagebuch notiert: «Buonaparte hat abgedankt», änderte sich die Lage für seine einstige «Göttin» nur äußerlich. Denn Isolierung und Exil waren längst Ausdruck ihres depressiven Wesens geworden. Constant vermerkt dazu kurz nach dem Sturz des Korsen und der Rückkehr des Bourbonen-Königs: «Madame de Staël mein Gedicht vorgelesen. Man merkt deutlich, daß sie mich nicht mehr liebt, denn sie hat mich fast gar nicht gelobt. Sie lobt nur, was einen Teil von ihr selbst ausmacht, zum Beispiel den Mann, den sie aushält. Daß ich sie wiedergesehen habe, bedeutet, daß mein Leben von einer großen Last befreit ist ...»

Gewiß, die Erleichterung darüber ist ihm anzumerken. Die Kreativität als liberal gesinnter Publizist bestätigt auch, wie ihn die Fesselung an Germaine de Staël behindert hat. Aber sein Grundproblem war auch mit dem gewaltigen Umbruch von 1814 nicht gelöst, nämlich die Bedürfnisse in Seele und Leib abzustimmen, um daraus ein Optimum zu gestalten. Darin lag die Sehnsucht seines Lebens, verdeckt von dem Trugschluß, er könnte beide Bereiche spalten, um jeden einzelnen je nach Umständen zu befriedigen. Noch im September 1814 gesteht er in seinem gescheiterten Versuch, ausgerechnet Madame Récamier als Geliebte zu gewinnen: «Muß Heilung suchen wie von einer Krankheit. Sollte zu irgendwelchen Frauenzimmern gehen und mich bei ihnen erschöpfen.»

Längst war der Rausch aller Sinne in der «Ehe» mit Charlotte von Hardenberg vergangen. Auch das Leben mit ihr auf einem Familiengut bei Göttingen hatte er als quälende Langeweile empfunden, nicht anders als die politische Windstille in der abgeschiedenen Provinz. Briefe allein oder die Arbeit an neuen Publikationen zum Verhältnis von Mensch und Macht konnten ihm nicht das Bedürfnis ersetzen, ganz oben gebraucht, ohne mißbraucht zu werden. Warf er einst Germaine de Staël und nun Madame Récamier vor, daß «sie in einem steten Wirbel lebt, mit dem sie sich betäubt», so traf ihn diese Feststellung selbst. Was Alkohol, Opium, Sex und Publizistik nicht vermochten, nämlich die Sucht nach Harmonie und einem Leben in Gerechtigkeit zu erfüllen, glaubte er jetzt dadurch erreichen zu können, daß er Einzelbedürfnisse abzutöten suchte. Vor allem die sexuelle Gier, die schon Zacharias Werner damit bekämpft hatte, daß er katholischer Priester wurde, wollte er jetzt abstellen, um wenigstens eine Qual aus der wirbelnden Welt zu schaffen: «Ich muß Beruhigung suchen. Bin bei einer Dirne gewesen und werde heute abend noch wieder zu einer gehen und morgen noch einmal, bis die Berührung der Hand einer Frau mich mit Grauen erfüllt ...»

Es war eine Illusion, dem körperlichen Gefängnis zu entkommen und sich selbst zu entfliehen, indem ein psychischer Ekel herbeigeredet wurde. Das Ideal der «reinen Seele», die losgelöst vom Schmutz der verlockenden Welt nur für sich selbst existieren möchte, konnte weder Constant verwirklichen noch Germaine de Staël, die den «Liebesgenuß» nie sonderlich gemocht hatte. Die Abneigung gegen das Körperliche und die Hinwendung zu geistigen Genüssen als Ausdruck einer unsterblichen Seele zeigen sich wohl gegen Ende ihres quirlenden Lebens am besten dort, wo sie sich ein Abschiedsszenario gestaltet.

In einem Brief an Constant vom 20. Mai 1813 gesteht sie ihm aus Stockholm die «Vereinsamung meines Geistes», die er allen Querelen und Krisen zum Trotz nie zugelassen hat, solange er in ihrer Nähe weilte. Sie bittet ihn um neue Briefe und Anregungen, kann aber nicht umhin, auf das Ausgelaugte ihres Daseins zu kommen und von Männern zu sprechen, die überwiegend geistig auf sie eingewirkt haben: «Mein Vater, Sie und Mathieu (de Montmorency), Ihr werdet in einem Teil meines Herzens bleiben, das für immer verschlossen ist ... ich bin darin gestorben und ich lebe darin, und wenn ich durch die Fluten umkäme, meine Stimme würde diese drei Namen rufen, von denen einer mir verhängnisvoll wurde. Ist es denn möglich, daß Sie alles so zerbrochen haben? Ist es möglich, daß eine Verzweiflung wie die meine Sie nicht zurückgehalten hat? Nein, Sie sind schuldig, und nur Ihr wunderbarer Geist erweckt noch Illusion bei mir ...»

Obgleich es besonders nach dem Sturz Napoleons wieder zu gewissen Annäherungen kam, selbst mit Talleyrand neue Kontakte geknüpft wurden, sollte es am Ende aller Qual bei dem bleiben, was Germaine de Staël ihr Leben lang nicht meistern konnte: «Meine ganze Seele lastet auf mir ... Ich, ich werde mich verzehren, bis ich sterbe.»

Nach-Wehen

Wollte man sagen, daß sich Germaine de Staël und Benjamin Constant nach ihrer auch äußerlichen Trennung ab 1809 wie neu-geboren fühlten, wäre das übertrieben. Aber es ist eine gesteigerte Vitalität vornehmlich im geistigen Bereich zu erkennen. Jeder ging auf seine Weise «mit Gedanken schwanger» und brütete Kopf-Geburten aus: Sie veröffentlichte 1810 das Anti-Napoleon-Buch «De L'Allemagne», und er schloß im gleichen Jahr die letzte Fassung seines Romans «Adolphe» ab.

In dessen Schlußteil findet sich ein bemerkenswertes Nachwehen eingebildeter wie tatsächlich erlittener Liebesschmerzen. Es ist gleichsam ein Nachweh verschiedener Narben, die gelegentlich spürbar pochten, aber nicht in der Gefahr standen, wieder aufzubrechen: Sie ähnelten «Blitzen, die durch das Dunkel zucken, ohne es zu zerstreuen». Dieses Bild gab Constant den Erinnerungen der Romanhelden Adolphe und Ellénore. Er nannte besondere Gedanken an die Vergangenheit auch «farblos gewordene Blätter» und meinte letztlich: «Wir lebten sozusagen von etwas wie einem Gedächtnis des Herzens, das noch Macht genug besaß, uns den Gedanken einer Trennung schmerzlich erscheinen zu lassen, aber doch zu schwach war, um uns in unserer Gemeinsamkeit neues Glück zu schenken.»

Constant ging dieser Schwebezustand zuweilen auf die Nerven, zumal wenn sich Germaine mit nörgelnden Hinweisen auf seine Schulden in Erinnerung brachte. Er nannte sie gar eine «Schlange» und fand manch böses Wort, sich seinen gegebenen Versprechungen zu entziehen. Vor allem in der

Zeit, als sie sich bemühte, ihre Tochter Albertine an den Herzog de Broglie zu verheiraten, ein «sehr geistvoller, sehr gebildeter junger Mann, der in der Pairs-Kammer bereits rühmend erwähnt wurde».

Die Macht, der Ruhm und das Geld trieben sie ab 1810 in erheblichem Maße um. Sie scheute sich auch nicht, bei Napoleon intervenieren zu lassen, als er von der Insel Elba zurückkehrte und die «Herrschaft der Hundert Tage» antrat: Noch immer hoffte sie darauf, die 2 Millionen ihres Vaters erstattet zu bekommen. Auch Benjamin Constant entläßt sie nicht aus Verpflichtungen, die mit der Trennung keineswegs aufgehoben waren: Ich war «so unglücklich, fünfzehn Jahre mit Ihnen verbunden gewesen zu sein! Sie wagen es, sich der Großmut, die ich für Sie hatte, als ich Sie liebte, zu bedienen, als wäre sie ein Recht ... Sie schulden mir 80000 Francs; zahlen Sie mir die Hälfte und betrachten Sie sich im übrigen als aus meinen Diensten entlassen.»

Solch schneidende Worte schickte sie Constant am 15. Mai 1815 ins Haus – von Coppet aus nach Paris. Dort hatte er gerade eine seiner berüchtigten Wendungen vollzogen, die in nichts jenen nachstehen, wie Talleyrand sie zelebriert hat. Brüstete er sich gern, einer der großen Gegner Napoleons zu sein und sich dem Liberalismus verschrieben zu haben, so reizte ihn vornehmlich die Eitelkeit, dem Despoten die Vorzüge der Freiheit zu vermitteln. Während er also mehrfach den «Kaiser» aufsuchte, eine *Zusatz-Verfassung* (L'Acte additionnel) entwarf und im Staatsrat fieberhaft daran arbeitete, Frankreich erträgliche politische Bedingungen zu verschaffen, nervte ihn Germaine de Staël mit harschen Rückforderungen. Gerade aus dem Élysée-Palast zurückgekommen, in den Napoleon von den Tuilerien (altes Stadtschloß der Könige) umgezogen war, vermerkte er nur: «Nun herrscht also Kriegszustand zwischen uns. Mir ist es nur recht. Ich nehme den Kampf guten Mutes auf.»

Er schloß also Frieden mit dem Tyrannen, ließ sich von

seiner neuen Partei feiern, verkehrte in den höchsten Kreisen einer zerbrechenden Gesellschaft und fühlte sich gewappnet, Germaine in Coppet die Hölle heiß zu machen. Denn ihr geliehenes Geld empfand er als gerechten Ausgleich für all die kostbare Zeit, die er aufwenden mußte, um sie zu unterhalten oder ihre Schriften zu betreuen, vom Abfassen bis zu gefälligen Rezensionen.

Sie tobt. In einem Brandbrief vom 12. Juni 1815, als Constant nach eigenen Angaben ein «Manifest» beendet hatte, gerät sie geradezu in Raserei und schmäht ihn: «Sie sind der hartherzigste und rücksichtsloseste Mann, der heute auf Erden lebt. Sie sagen mir, seit sechstausend Jahren hätten sich die Frauen über Männer beklagt, von denen sie nicht geliebt wurden, doch seit sechstausend Jahren haben die Männer auch das Geld geliebt, und ich glaube nicht, daß Sie sich seit zwei Monaten ihm gegenüber gleichgültig gezeigt haben ...»

Mit Sicherheit nicht. Aber aus diesem Vorwurf sollte nicht der voreilige Schluß gezogen werden, als ob sich Constant habe «kaufen» lassen – von ewigen Spielschulden und anderen Ausgaben geplagt. Von der «außerordentlichen Wendigkeit Ihres Charakters» überzeugt, erkennt Germaine, an der die großen Ereignisse von Paris vorbeigehen, daß in seiner Haltung doch mehr vorhanden war als boshafte Eitelkeit und niedere Rachegelüste, zu denen er allerdings auch fähig sein konnte: Madame Récamier gegenüber, die ihn an seiner Geilheit fast verzweifeln ließ.

Nicht lange nach Napoleons Niederlage bei Waterloo am 18. Juni 1815, die Constant trotz einiger Wirren gut überstanden hatte, versicherte Germaine ihm erneut ihre Freundschaft. Wahrscheinlich rechnete sie sich mit seinem offenkundigen Zuwachs an politischem Einfluß für die Zukunft etwas aus. Es konnte zumindest nicht schaden, Constant als «Freund» im inneren Kreis der Macht zu wissen, der nach der Abdankung und Verbannung Napoleons von den zurückgekehrten Bourbonen beherrscht wurde. Von Leu-

Die Begegnung von Napoleon
und Benjamin Constant

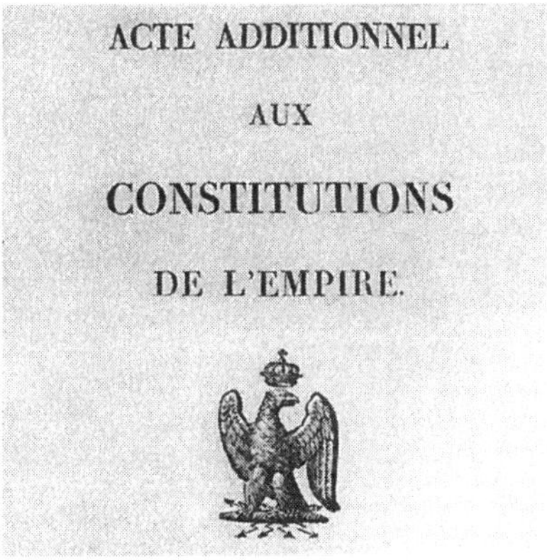

ACTE ADDITIONNEL

AUX

CONSTITUTIONS

DE L'EMPIRE.

Constants Verfassungszusatz
«La Benjamine»

ten, die sich Talleyrands bedienten, um auf dem Wiener Kongreß für das ermattete Land leidlich gute Friedensbedingungen zu erreichen – Metternich ausgeliefert.

Es scheint sie im stillen nicht wenig gefreut zu haben, ihren ersten und ältesten Liebhaber ebenso an der Spitze des kriegsverheerten Vaterlandes zu wissen wie Constant. Am 1. September 1815 ruft sie ihm denn auch zu: «Eine schöne Karriere ist die Ihre, wenn Sie Frankreich die Freiheit lehren können.»

In diesen und anderen Worten flammt noch einmal ihre Vorstellung vom Gang der Geschichte auf, daß nämlich «die protestantische Religion und die konstitutionelle Freiheit in der Welt siegen werden». Das schreibt sie an Wellington und ahnt im Briefwechsel mit Jefferson oder Zar Alexander I., daß sich in Amerika und Rußland zwei neue geschichtswirksame Mächte aufbauen. Ihr Sinn für die Zusammenhänge des Realen mit dem Idealen schien noch nicht ganz verschwunden zu sein, wenngleich ihre «heimliche Ehe» (1811) mit dem «schönen» und kriegsversehrten Spanien-Kämpfer Albert-Jean de Rocca aus Genf selbst wohlgesinnte Gemüter zweifeln ließ, ob sie noch bei Verstand sein konnte.

Sie war es, während der krankhaft eifersüchtige junge Mann nicht selten alle Vernunft vergaß und sich sogar mit Constant duellieren wollte: Welch ein Szenario, hätte sie jene Duellsucht nicht unterbunden, an der das «sanfte Frankreich» vor 1789 mehr gelitten hat als an jedem anderen Übel – La douce France! Immerhin konnte sich Germaine de Staël an der Illusion wärmen, daß Rocca ihr noch einmal Jugend und Schönheit gewährt hatte. Mehr noch, er vermochte es sogar, sie zum «kleinen Wir» zu bringen, zum gemeinsamen Sohn Louis-Alphonse. Zwar kümmerte sie sich nach der Geburt des Kindes nicht sonderlich darum und gab es über Jahre hin einem Pastoren-Ehepaar in Obhut. Aber sie bekannte sich später dazu und nannte ihn gar im Testament vom 12. Oktober 1816 «meinen legitimen Sohn».

Doch bei aller Zuneigung und Bemühung Roccas glückte es ihr nicht, das eigene ICH wirklich auf Dauer zu öffnen und jenes SELBST zu erreichen, dem auch Constant nachjagte. Er, der sich längst seiner zweiten Frau Charlotte von Hardenberg entfremdet hatte, sich mehrere Male umbringen wollte, als Atheist zeitweilig dem Schwärmertum der Freifrau von Krüdener erliegen sollte und nun dabei war, seinen politischen Liberalismus in Frankreich praktisch zu erproben – als einflußreicher Berater und bald als Abgeordneter in der Deputiertenkammer.

Dieser Constant, der bis zur Juli-Revolution von 1830 versuchte, den Franzosen die offene und geheime Kraft der Freiheit als Ausdruck von Gerechtigkeit zu erläutern, nannte Germaine de Staël übrigens auch einmal «selbstlos». Er meinte damit nicht ihr uneigennütziges Wesen, sondern bei allen Talenten die Unfähigkeit, individuelle Fertigkeiten und politisch-gesellschaftliche Verantwortung zu leben, letztlich das «große Wir» auch in ihrer Beziehung.

An dieser Forderung krankte er selbst und wußte zugleich, daß ohne diese Kunst eine politische Kultur der Gegenseitigkeit kaum gedeihen konnte. Als am Jahrestag der Revolution Germaine de Staël in ihrem geliebten Paris am 14. Juli 1817 starb, vom Opium zermürbt und in der Gewißheit, dem Despotismus erfolgreich die Stirn geboten zu haben, hielten ihr Schwiegersohn Victor de Broglie und Benjamin Constant die Totenwache. Es könnte sein, daß er im stillen Gedenken an ein aufregendes Leben auch an jenen Hinweis dachte, den Germaine in einem Brief von 1814 gegeben hatte. Aus ihrem Londoner Exil, das er selbst bald nach der Bestattung in Coppet für einige Jahre wählte, klagte sie über einen Lebensverlust, der nachdenklich stimmt und andeutet, warum beide kein echtes Paar werden konnten: «Sie haben mich gelehrt, an nichts Dauerhaftes in der Welt mehr zu glauben, und alles ist Traum, seit ich nicht mehr irgend etwas weder bei mir noch bei Ihnen begreife. Denn kann es denn sein, daß ein solcher Mann eine solche Zuneigung verachtet hat und daß eine solche Frau es nicht verstand, *Gegenliebe* zu erwecken, als sie aus dem Tiefsten ihres Seins liebte? Doch lassen wir das ...»

Bildnachweis

Archiv für Kunst und Geschichte, Berlin: Seite 17, 19, 59, 65, 99 und 140
Bildarchiv Preußischer Kulturbesitz: Seite 15, 30, 31, 41, 73, 75, 89, 121, 125, 135 und 160
Die Abbildungen auf den Seiten 35, 45, 50, 103, 111, 128, 157 und 169 sind entnommen aus dem Buch von Paul L. Léon, Benjamin Constant. Les Editions Rieder, Paris 1930. Der Verlag dankt Nicolaus Sombart für die Überlassung.
Die Abbildung auf Seite 83 stammt aus Franz Herre, Metternich. Staatsmann des Friedens. Köln 1983.

Quellen und Literatur

Um das Werk der Madame de Staël bemühen sich seit den sechziger Jahren vor allem Simone Balayé sowie die Société des Études staëliennes mit ihren Colloques de Coppet. – De Staëls Briefe an Constant erschienen 1928; diejenigen an Madame de Récamier 1952 und jene an Narbonne und Ribbing 1960. Die Correspondence générale veröffentlichte Béatrix W. Jasinski ab 1962.

Zu Lebzeiten der Mme de Staël erschienen u. a. ihre «Lettres sur les écrits et le caractère de J.-J. Rousseau» 1788; «De l'influence des passions sur le bonheur» 1796; «Corinne» 1807; «De L'Allemagne» 1810; diese Auflage wurde auf Napoleons Anordnung vernichtet. Die zweite Ausgabe erschien in London 1813. Erst nach ihrem Tod erschienen die «Considérations sur le principaux événements de la Révolution française» 1818 sowie ihre Memoiren «Dix années d'exil» 1821. Überhaupt erst 1906 edierte John Viénot das Manuskript «Des Circonstances actuelles qui peuvent terminer la révolution».

Zu Constant, dessen Werk weitaus gründlicher erforscht und ediert ist, siehe auch die folgenden Angaben.

A. Amend, Zwischen ‹Implosion› und ‹Explosion›. Zur Dynamik der Melancholie im Werk der Germaine de Staël. Trier 1991.

S. Balayé, Les carnets de voyage de Mme de Staël. Contribution à la genèse de ses œuvres. Genf 1971.

dies., Madame de Staël, Lumières et Liberté. Paris 1979.

dies., Madame de Staël et le gouvernement impérial en 1810, le dossier de la suppression de De L'Allemagne, in: Cahiers staëliens 19 (1984).

dies., Madame de Staël. Écrire, Lutter, Vivre. Genève 1994.

G. Barudio, Das Zeitalter des Absolutismus und der Aufklärung 1648–1779. Fischer Weltgeschichte Bd. 25, Frankfurt am Main 1981.

ders., Falsche Freunde: Metternich und Gentz. In: Deutsche Freunde. Berlin 1995

ders., Paris im Rausch. Die Revolution in Frankreich 1789–1795. München 1989.

A. Blaeschke/L. Gall (Hrsg.), Benjamin Constant. Werke in vier Bänden. Nach der Roulin-Ausgabe von 1957, Berlin 1972.

A. Dolmatowsky, Der Parlamentarismus in der Lehre Benjamin Constants. Diss. Tübingen 1907.

Ch. Dupuis, Le ministère de Talleyrand en 1814. 2 Bde. Paris 1919.

L. Gall, Benjamin Constant. Seine politische Ideenwelt und der deutsche Vormärz. Wiesbaden 1963.

J. Godechot (Hrsg.), Les constitutions de la France depuis 1789. Paris 1979 (Quellenband).

Ch. Herold, Madame de Staël. Dichterin und Geliebte. München 1960.

M. Isler, Briefe von Benjamin Constant, Goethe, Görres... Mme Staël und vielen anderen. Nachlaß von Charles de Villers. Hamburg 1879.

K. Kloocke, Madame de Staël, Charles de Villers, Benjamin Constant. Correspondence. Frankfurt am Main 1993.

ders., Benjamin Constant, une biographie intellectuelle. Genève 1984.

Ch. Louandre (Hrsg.), Œuvres politiques de Benjamin Constant. Paris 1874.

B. Maeder-Metcalf, Germaine de Staël. Romancière. Ein Beitrag zur Geschichte des frühromantischen Romans. Frankfurt am Main 1995.

D. G. McGuigan, Wilhelmine von Sagan. Zwischen Napoleon und Metternich. Dt. Wien 1994.

J.-H. Menos (Hrsg.), Lettres de Benjamin Constant à sa famille. Paris 1888.

J. Onken, Vatermänner. Ein Bericht über die Vater-Tochter-Beziehung und ihren Einfluß auf die Partnerschaft. Bonn 1993.

J. Orieux, Talleyrand. Die unverstandene Sphinx. Dt. Frankfurt am Main 1972.

G. Rudler, La jeunesse de Benjamin Constant (1767–1794). Paris 1908.

E. W. Schermerhorn, Benjamin Constant. His private life and his contribution to the cause of liberal government in France 1767–1830. London 1924.

G. Solovieff, Madame de Staël. Kein Herz, das mehr geliebt hat. Eine Biographie in Briefen. Dt. Frankfurt am Main 1986.

N. Sombart, Pariser Lehrjahre 1951–1954. Leçons de Sociologie. Hamburg 1994.

A. Sorel, L'Europe et la Révolution. 8 Bde., Paris 1946–49.

D. Stoebener, Der Einfluß Mme. de Staëls auf die romantische Erneuerung Italiens, masch. Mainz 1994.

A. Thiers, Histoire du Consulat et de l'Empire. Paris 1861.

P. Winterling, Rückzug aus der Revolution. Eine Untersuchung zum Deutschlandbild und zur Literaturtheorie bei Madame de Staël und Charles de Villers, in: Romanistik 63. Rheinfelden 1985.